従業員の
パフォーマンスを
最大限に高める

エンゲージメントカンパニー

株式会社アックスコンサルティング
代表取締役

広瀬元義

ダイヤモンド社

はじめに

泳げない人間を、深いプールの真ん中に投げ込んだら、どうなるでしょう？　最初はもがき手足をバタバタする、次に水を飲む、せき込む、そして残念ながら大量の水を飲んでやがては溺れて死んでいく。この例は誰もが想像のつくことです。人生も同じ、覚せい剤や麻薬に手を出した人の末路は誰もが想像はつきます。どうすれば、人生を楽しく生きられるか、人生を豊かにするには、どういう考え方をすればいいのか、先人たちの知恵を多くの出版社が書物として届けてくれています。ところが人間は、いつも性懲《しょうこ》りもなく自分の経験に頼ろうとします。

かの有名な、ビスマルクは、「賢者は歴史に学ぶ、愚者は経験に学ぶ」という、ことわざを遺《のこ》してくれました。愚者は、自分だけは大丈夫と経験に頼りたがるものです。

これから始まるアンリ・ジャールの授業は、今の時代の経営メソッド、そしてこれからの時代に必要な経営哲学を、予測不能で混沌とした時代に、迷える経営者たちにわかりやすく伝えようというものです。

アンリ・ジャールは、22人の生徒たちに合計4回の授業を行います。主な授業の目的は、「エンゲージメント」の向上のために今なすべきことに、絞って授業が進みます。つまり、生徒たちにエンゲージメントを正しく理解してもらい、自分の会社の従業員のエンゲージメントを向上させていく方法を伝えていくというわけです。生徒の多くは、企業経営者です。

エンゲージメントという言葉をご存じでしょうか⁉　エンゲージというと、エンゲージリングや結婚を想像する人が多いと思いますが、ここでは会社と従業員の結びつきや関係性を思い描いてください。愛社精神とか会社への愛着とか思い入れと、解釈している人もいますが、完全な間違いではありませんが、本質ではありません。実際には、従業員が会社の掲げるビジョンに共感し、従業員自らが意欲的に仕事に取り組み、仲間や会社に深く思い入れを持つことです。もっと言うならば、個人と組織が一体となって双方の成長に貢献し合う関係づくりです。

少し説明口調になりましたが、こうしたことをアンリ・ジャールが、一つひとつわかりやすく紐解いていきますのでご安心ください。

これからの授業は、少し突拍子もなく見えるかもしれません。アンリ・ジャールが、いきなりいろんな格好で登場したり、不意に別方向から問いを投げかけたり、意外なエピソードから課題について考えてもらったりといった方法によって得られた情報は、みなさんの印象に強く刻みつけられることでしょう。

実際、こうした方法はエンゲージメントと無関係ではありません。従業員の中には大きく分け、意欲的で何事にも積極的に関与し、責任感が強く、会社やチームに対して貢献したいと願い、熱意を持って仕事をするタイプと、単に日々淡々と出社して自分に与えられた仕事だけを惰性でこなし、責任を取りたがらず、自己犠牲を厭《いと》うようなタイプがいるものです。

従業員のエンゲージメントを高めるということは、突き詰めれば後者のようなタイプの人を前者のようなタイプに変えるのにはどうすればいいかになります。それは完全に二つのタイプに分けられるわけではなく、その間の塀の上の人というタイプも存在します。この人たちは、多数派に属しようと塀から降りてきます。だから、いかにして前者のようなタイプを多く作るかに、経営陣は努力しなければなりません。

従来の考え方だと、えてして職場環境の改善という全体からの視点、個々人の資質というミクロ的な視点からの解決方法が提示されがちでした。しかし、今はこのどちらも有効な手立てではありません。なぜ全体とミクロの視点からの解決方法が提示されてきたのかといえば、私たちは組織を複雑なマシンのように考えているからです。こうしたマシンで人間は全体を構成する部品の一つにすぎません。組織をマシンとしてとらえた場合、何か不具合があればそのマシン全体を調整するか、個々の部品に手を加えるしかないでしょう。

もちろん、会社という組織はマシンではありません。

ではどうすればいいのか、詳しくはこれから授業で紐解かれていきますが、ヒントはチームに焦点を当てることにあります。

六本木の高層ビルの中の教室。普段は会員制の会議室にも使われているこの部屋で、これから4回の授業が始まります。さあ、みなさん、耳を澄ませてください。

この白い壁を隔てた向こう側の教室で、アンリ・ジャールと22人の生徒たちとの会話が始まりました。さあ、みなさんも授業に参加しましょう。

ENGAGEMENT COMPANY

CONTENTS

CHAPTER 2 071

新しい時代のエンゲージメント
――エンゲージメント向上で、従業員のパフォーマンスを上げよう――

CHAPTER 3 117

成功するオンボーディング

——新しい従業員をオンボーディングさせるには仕組みが大切——

CHAPTER 4
167

未来から夢を引き寄せろ
――新しい時代の目標と働き方――

CHAPTER

1

CHO（チーフ・ハピネス・オフィサー）

── 従業員を幸せにすれば成果は上がる ──

maxim

「世間が必要としているものと
あなたの才能が
交わっているところに
天職がある」

---- アリストテレス ----

アンリ・ジャールとボールの意味

「いいですか、みなさん！」

教室に入ってくるなり、アンリ・ジャールはそう大きな声を張り上げて叫びました。

彼は両手に二つの丸いボールを持っている。バレーボールほどの大きさのボールです。

左手に持つボールには、真っ赤なハートの中に〝幸せ〟という文字。右手のボールには、たくさんの金貨の中に〝成功〟という文字。175センチの身長のアンリ・ジャールは、その球ごと両手をグイと頭上に持ち上げます。教室の生徒たちは、あっけにとられて高々と持ち上げられたボールを眺めています。

「さあ、みなさん、じっくり見てください。〝幸せ〟のボールと〝成功〟のボール、どちらか一方のボールしかもらえないとしたら、みなさんはどちらを選びますか⁉」

「そんなの選べないよ、〝幸せ〟と〝成功〟の二つを関連づけて考えることなんかできない」

一番前に座っていた生徒が、やっと口を開いて答えた。

「〝幸せ〟と〝成功〟、さあ、どっち⁉」

生徒の答えを無視し、アンリ・ジャールはますます大きな声で迫る。

「成功するから、幸せになれるんじゃないかな……」

「幸せじゃないと成功できないとか？」

アンリ・ジャールの問いかけに、今度はあちこちから少しずつ声が上がり始めました。

この教室の中にいるのは、22人の生徒たち。彼らは今日、初めてアンリ・ジャールと顔を合わせたのです。

のっけから何が始まるのかと顔を見合わせる22人の企業オーナーたち。その中には、有名企業の社長もいれば、イケメンの若手ＩＴ起業家やベンチャー企業として名を馳せている社長も混じっている。５人の女性経営者の顔も見えます。銀座でクラブを経営している有名ママもいます。

誰もが、アンリ・ジャールのうわさを聞き、この授業に参加している生徒たちです。

授業は４回、月１回のペースで続く。４回で２００万円。

考えようによっては高いかもしれませんが、自分たちが抱えている課題を解決できるなら安いともいえるでしょう。お金の工面より、時間の工面が大変な人たちばかりです。

「残念ですが、みなさんはどちらか一つしか選ぶことはできません。今、みなさんの後ろで、肩越しからほら、神様が覗いていますよ……」

アンリ・ジャールはそう言って、自分の肩を見た。何人かがつられて、薄気味悪く後ろを振り向くように自分の肩を見る。アンリ・ジャールは、ますます、いたずらっぽい口調で続ける。

だが、その目は真剣そのものです。

「みなさんが選んだほう、つまり〝幸せ〟か〝成功〟を必ず神は届けてくれます！」

アンリ・ジャールは、じっとみんなの顔を見据えた。表情が変わった彼の顔が、神そのもののようにも見えます。生徒たちは迫力に押されているようです。

アンリ・ジャールは〝幸せ〟と〝成功〟と書かれたボールを交互に上に掲げ、生徒たちにどちらかを選ばせました。

「さあ、どっち？〝幸せ〟のボール？〝成功〟のボール？手を挙げてください！」

ほとんどの生徒が〝幸せ〟のほうを選んだことを確かめた後、アンリ・ジャールは手を下ろすように促す。そして、ボールの問いかけの意味を説明せず、自己紹介を始めました。

「私は、フランス生まれ、中学の時に日本でも学びました。母は、日本人。父がフランス人。私の父は、フランスのボーヌという小さな町でレストランをやっています」

アンリ・ジャールは、ほとんど訛りのない流ちょうな日本語でそう言った。背はそう高くはないが、迫力に押されて高く見える。お母さん似のほどほど優しい感じの外国人、という言い方が適当な顔立ち。やがて彼は、生徒たちを見回しながら静かに語り始めました。

どうしたら、おいしいワインができるかということを、まずお話ししましょう。

私の父がやっているレストランでは、フランス中のワインを揃えています。ですから、フランス中のワインの作り手や有名なソムリエとは、多くの交流があります。

フランスでは、いたるところでワインを作っています。ボルドー、ブルゴーニュ、アルザスに南仏。実は、ワインづくりには多くの規制がありますが、それは最高品質を作り続けるための戒めだと思っています。

いいワインを作るには、本当に長い年月が必要です。小さな苗木を植え、そのブドウの苗が、育って本当に素晴らしいワインになるには何年も何十年もかかります。

ブルゴーニュ地方のブドウの樹はせいぜい人の背丈ほどの高さです。ブドウの根は地中深く入っていって、10メートル、15メートルと古代の地層に潜り込み、味に深みを加えます。やがて樹には味の詰まったブドウが実をつけるのです。その実もさらに摘果して実を落とし、少しの房に味を凝縮させるのです。

最も大事なのは、天候です。天候を読んでいつブドウを収穫すればいいのかを予想します。したがって、ワインのビンテージによって、味に天と地ほどの開きが出ることがあります。その風味は土壌で大きく変わります。

優秀なソムリエになると、何々地方のワインということを、ブラインド・テイスティングで当てたりしますが、これは土壌の味を覚えているからできること。そして、作り手の個性豊かな創造性が、ワインのしずくに生命を与えるのです。

ワインづくりが「天・地・人」といわれる所以はそこです。

私にはワインを生産している親しい友人がいます。彼のところに、何人かの日本人を連れて見学に行ったことがあります。その時の彼の話が好きです。

彼は、3年前に植えたブドウの樹を優しく触りながら、ブドウ畑の遥か遠くをじっと見つめながらこう言いました。

「これから10年以上すれば、このブドウの樹に今よりもっと素晴らしい実がなるようになります。収穫した実を搾り、樽に入れて数年寝かせます。その後、ボトリングしてさらに何十年も寝かせ、初めて私が求めているワインが味を開花させます」

私の友人は50年後のワインの未来を語っていたんです。すごいことだと思いませんか？

人も同じことです。つまり、ビジョンがないと人は死に絶えるということなんです。

「幸せ」と「成功」の勘違い

アンリ・ジャールが「ビジョンがないと人は死に絶える!!」と大きな声を出すと、生徒たちはフランスの田園から現実に引き戻されたように、ハッと顔を上げました。

「さっき、みなさんの多くが〝幸せ〟を選びましたね。人は誰でも〝幸せ〟になりたいと願っています。不幸になりたくて生きている人など1人もいません。しかし実際には、企業経営者は逆のことをしているのです」

1人の生徒がつぶやきます。

「逆のこと……」

アンリ・ジャールが続けます。

「もちろん、みなさんのような経営者は、自分の会社を成長させ、利益を上げることで、経営者や従業員が幸福になると考え、そう望んでいることでしょう。多くの人は、幸福は成功しないとやってこないと決め込んでいます。本当にそうでしょうか？　先ほど、みなさんは〝幸せ〟を選びましたが、実際には〝幸せ〟よりも〝成功〟を優先してしまうのです」

「確かにそうです。〝幸せ〟になるためには、まず〝成功〟しなきゃと考えがちかも……」

1人の生徒が聞こえるように自問自答した。別の生徒が首をかしげながらこう言う。

「でも、会社を成長させたり利益を上げなければ、結局みんなにとって不幸になってしまうんじゃない？」

アンリ・ジャールは、それぞれの意見に耳を傾け、何度かうなずいてから再び話し始めました。

「日本の製造業は一流とよくいわれます。かつての高度成長期は、ものづくりの時代でした。その頃、会社勤めの人のほとんどは、製造現場でものづくりに携わっていました。やがて、会社勤めのサラリーマンは、製造業から事務や営業、マーケティングやソフト制作の仕事、つまりホワイトカラーの人が多くなっていきます。こうした変化が起きているのに、日本は依然として製造業の管理手法をそのまま続けてきているのです」

アンリ・ジャールは、生徒たちを見回して質問しました。

「みなさんの会社はどうですか？　今回の参加者に、製造業の社長さんは少ないのではありませんか？」

生徒たちの多くがうなずきます。参加している生徒に製造業の経営者はほとんどいないようです。

「トヨタのカンバン方式などに代表されるように、確かに日本の製造業は世界でもトップクラスの生産性を誇っています。しかし、ホワイトカラーは三流といわれます。どうしてそんなことになってしまったんだと思いますか？」

アンリ・ジャールの話に、生徒たちは真剣に耳を傾けています。

「これからお話しする内容は、先ほどの〝幸せ〟と〝成功〟のどちらを選ぶのかに関係します」

と彼は生徒たちの間を歩きながら言いました。

まず自分の〝コップ〟を空にしてから行動する

みなさんは、今日まで会社を経営してきた中で、成功したり、失敗したり、壁にぶつかったり、乗り越えたり、苦労したり、笑ったり、実にいろんなことを体験してきたと思います。今日は、私がみなさんにお話をする最初の日ですが、今日からみなさんが始めなければいけないことがあります。

それは、今までの行動パターンを変えていってください、ということです。

行動パターンを変えるというのはどういうことでしょうか。変えるべき行動はなんでもいいのです。何か一つでもいいので、今までと違ったやり方で行動することから始めましょう。

行動することが重要です。頭で理解するだけでは何も変わりません。

それともう一つ。私の授業を受講する人の中には、ときどき不思議なことをする人がいます。大金を払って私の話を聞きにきたのに、私の言うことに対して同意したり、疑問を抱いたり、頭の中で反論したりといろいろ考えてしまう人です。

みなさんは私からエンゲージメントやオンボーディングなどの秘訣を学ぶために、決して少なくない授業料を投資してくれました。このお金を生かすも殺すもみなさん次第です。私はすべての考え方、経営のメソッドや経営哲学をお教えしますが、みなさんが行動しなければこのお金は死んでしまうでしょう。

「まず、みなさんが持っているコップを空にしてください」

アンリ・ジャールはそう言うと、自分の机の上にあったコップを逆さにして水を床にまいた。床には、水がしぶきを立てて落ちました。

「水が入っていたら、それをすべて捨て私の話に耳を傾け、そして行動に変えてください」

コップにいっぱい水が入っていたら新しい水を入れることはできません。新しい考え方や方法をいくらコップに入れようとしても入れる端からこぼれていってしまうでしょう。

自分が持っているコップの中身をすべて外へ捨て、今日から吸収することをすべてコップに入れて行動すればいいのです。

人生は楽しくあるべきです。別に滝に打たれる修行僧のような生活をしろというわけではありません。

経営の本の中には、「心身共に健康であれ、無駄をすべてはぎ取って、神前に向かうような態度であるべき、そうでなければ従業員は誰もついて来ません」と書いている本もあります。間違いではありませんが、私には無理です。と言って笑った。

「みなさんにも無理かもしれません」

それを聞くと、安心したようにみんなの顔がほころびます。

「人生を楽しくするためには、会社と正しく向き合うことが大切です」

アンリ・ジャールはひときわ大きな声で、みんなを見渡すようにして言った。このことが今日の授業の中では最も大切なのです。

自分が育てる子どもと思えばいい。自分ではない。そう思えば客観的に会社が見えるようになってくるのです。

時間ではなく生産の価値で管理すべき

「エドワード・デミング博士をみなさんは、ご存じですか？　最近、博士の名前を聞かなくなったので、ご存じない方がいるのは仕方ないことですね。もし、博士が日本の製造業を指導してくれなかったら、戦後日本の立ち直りはもっと遅れていたと思われます」

資源の少ない島国日本は戦後の復興期に資源を輸入し、ものづくりの製造業で立ち直っていこうとした。戦後すぐに、エドワード・デミング博士などの努力によって、日本の製造業は新しい時代を迎えることができました。彼の伝授した多くが、製造業やビジネスの根本に多くの影響を与えました。そうしたことが、右肩上がりの高度成長期を支え、ものをたくさん作れば作るほどたくさん売れ、利益が上がっていきました。その頃は、工場や機械を長く稼働させ、工場労働者が長く働くことイコール「善」としてきたのです。

しかし、その後の産業構造の転換により、労働市場では工場労働者からホワイトカラーの占める割合が増えていきます。工場労働者の生産管理とホワイトカラーの生産管理とは、考え方が大きく異なりますが、日本は製造現場の管理手法をそのままホワイトカラーに持ち込んでしまったのです。

「あえて申し伝えますが、これはデミング博士が望んだことではなく、未熟な日本人がそうさせたと私は思っています」

製造業では、長く働くことイコール生産に直接結びつきますが、ホワイトカラーの場合は必ずしもそうではありません。製造業の生産管理をホワイトカラーの生産管理にそのまま当てはめ、時間で管理するということをやってしまいました。

「そもそも、日本人は型にはめて管理するのが好きなんです」

と言って、アンリ・ジャールはみんなを見回した。

「そうそう、そのほうが絶対に楽だと思う。管理さえしとけば、経営陣は未来に向かって投資できるしね」

IT系の若手経営者としてマスコミでもよく取り上げられる男は、そう言ってみんなに同意を求めました。

自分の仕事が終わっても、上司や先輩が帰るまで机の前で時間をつぶすという変な現象が起きてしまいました。みんなが帰るまでじっと待って周囲の様子をうかがいながら仕事をする。日本人って、面白い国民でみんながやってるから、とおかしいと思っても変えないところがあります。日本は、こうした発想の転換がうまくいかず、製造業の生産管理をホワイトカラーに当てはめたまま、長い時間がたってしまっていました。こうしたことがわかってくれば、なぜ「働き方改革」が必要なのか、本質的なことが見えてくるのです。

製造業の生産管理は、語弊はありますが人を機械のように考え、軍隊のように管理します。工場で機械を扱って製品を作るのですから、こうした管理手法になるのは自然でしょう。

しかし、ホワイトカラーの場合、顔の見える一人ひとりの個性のある従業員が相手になってきます。機械ではなく人間が相手です。人間として表現し、尊厳を主張し、それぞれの価値を共有しながら働いている個々の従業員が相手なのです。

多くの日本の会社では、製造業の時代の古い仕組みの企業倫理で縛りつけがちです。全く方向性が異なる仕組みで人を管理しようとするから多くの歪みや不幸が生まれてしまうのです。「時間ではなく、生産の〝価値〟なんです。これからリモートワークの時代に入ります。リモートワークとは、出社しないで自宅など離れた場所で働くことですが、こうしたことがよくわかっていなければ、9時出社、18時退社なんて、自宅にいても同じ管理になってしまいます。

そうではなく、何をやったかです。これらに対応した、労働管理の法律はなかなか追いついていません。会社にいるより、自宅のほうが本気でやれば生産性は高いはずです。同じ時間働かなくていいと思っています」

コネクティビティという言葉が示すように、24時間誰もがインターネットに接続できる時代なのです。情報には蓋はできません。

新卒の若い世代も経営トップと同じような情報を得ることができるのです。

情報を得ることは自由な選択肢を持つことにもつながります。こうした時代に、これまでのような複雑で面倒な人材管理手法、つまり20世紀の古い管理手法にしがみついていては、企業が直面する課題に立ち向かえることなどできるはずはないのです。

みんなは静まり返って、自分の会社のルールを思い浮かべています。

会社は人生を豊かにする道具でしかない

アンリ・ジャールは、今度は〝幸せ〟のボールだけを手に取り、上に掲げました。

「みなさんは先ほど〝幸せ〟のほうに手を挙げましたよね」

すると生徒たちが一緒にうなずきました。

「では、みなさんはなぜ逆のことをやるのですか？　幸せがいいと思いながら成功も求めますよね。そして、成功して利益が出たら幸せと思うでしょう。だけど、成功とは何かというとお金だけではありません」

そんなアンリ・ジャールの言葉に、生徒たちが首をかしげます。

「実は、成功には限りがないんです。一つの成功は次の成功のステップとばかりに、次の目標に向かいます。悪いことではないけど、一度も心が楽しめる時はありませんよ」

みんなが「確かに」というように自分の今を振り返っています。

「それに成功はすぐに慣れてしまう。たとえば、従業員の給料を5万円アップしたとしても、1週間もたてばその人は当然のことと思うようになってしまうのです」

生徒の1人が質問しました。彼はベンチャー企業の旗手として名を馳せている社長です。

「たくさん昇給しても、当たり前に思ってしまうのでしょうか？」

アンリ・ジャールは肩をすくめます。

「では、もし5万円アップした人に、ごめんなさい、間違っていて昇給は4万円でした。すみません、1万円返してください、なんて言ったらどうなるでしょうか？　AくんとBくん2人とも同じなら、問題ないけど、自分が4万円で、友人が5万円なら、きっとその人は自分は評価されていないので転職しようかな……などと考えてしまうかもしれませんね」

人間はそういう生き物なのです。

成功とはなんでしょうか？　成功とは、あなたが得たいと願う結果を得ることです。

お金を得ることも一つの成功といえるでしょう、なんでも手に入ります。

もちろん、生活するためにお金は必要です。しかし、お金をたくさん持っていても不幸な人間はいます。逆に、食べる物にも困るほどお金がなくても、毎日を元気に明るく生活している人もたくさんいるのです。

お金を得ることは成功ではありません。お金を得ることは、人生のプロセスの一つにすぎません。お金がいくらたくさんあっても、それは単にそれだけのことです。

「実は、お金は稼ぐ時より、使う時に人格が出てくるものなのです。お金を使って何をしたいと思うのか。それが、あなたが本当に得たいものなのです」

お金を得ることを人生の目標や目的にしてはいけません。お金を得ることを人生そのものの目標にしてはいけないのです。

お金を得ることを目標にすると、お金に支配されるようになってしまいます。お金を得ることは目的ではなく、手段なのです。

もちろん、金銭的なインセンティブが悪いとは言いません。しかし、従業員が辞めない理由は、給料がよいとかだけではないのです。

みなさんは幸せがいいと言いました。人は誰でも幸福になりたいと望んでいますし、不幸になっていいと思っている人なんていません。

実は、私自身も成功と幸せについて長く考えてきたのです。

みなさんはどうかわかりませんが、多くの経営者は、自分の会社を成長させ、利益を上げ、そのことで自分自身も幸福になろうとしています。このように、多くの人は成功しないと幸福になれないと決め込んでいます。

フランスの哲学者、アランの『幸福論』に「幸せと思う自分がいるから幸福になれる」と書かれています。もしこの前提があるとすれば、成功しよう成功しようと思えば思うほど人間は硬直していくでしょう。

「みなさん、CHOってご存じですか？」

「チーフ・ヒューマン・オフィサー、です」

生徒の1人の女性経営者が、大きな声で言いました。

アンリ・ジャールは、親指を立てて、「グッド！」と言うと続けます。

「その通りですが最近は、〝H〟の意味が変わりました。ヒューマンからハピネスにです。信じられないかもしれませんが、人を幸せにする部署が、会社経営陣の最終目的なのです」

今、アメリカの先進的な企業では、幸福を求めるための部署が一般的になりつつあります。

そもそも、会社の経営陣の仕事には、大きく三つあり、一つにコンプライアンス。これは法律上の手続き業務。採用から退職まで。もう一つは、採用した人たちを会社で機能させるようにするための、教育カリキュラムを作る部署。そして、今最も注目されているのが人材開発部門。新しく採用された人を会社に馴染ませ機能させるための、オンボーディング。今いる従業員を定着させるためのエンゲージメント。そして目標を持たせて生産性を上げるための、目標管理。

ちなみにCHOは、Cはチーフ、Hはヒューマンやハピネス、そしてOはオフィサーです。CEOはチーフ・エグゼクティブ・オフィサーですから、CHOは最高幸福責任者とでも訳せばいいでしょうか。

また最近アメリカでは、日本のようにワーク・ライフ・バランスとは言いません。数年前からワーク・ライフ・インテグレーションと言っていましたが、今はワーク・ライフ・フィットと言う人もいます。要は、ハサミで切るように仕事とプライベートを分けることができないということです。

ワーク・ライフ・フィットというのは、会社に10時間いて幸せな人はそうすればいいし、家で働いて会社に1時間しか来たくない人はそうすればいいという働き方に対する考え方です。

みなさん、このように会社は人生そのものではありません。会社というものは、あくまであなたの人生の一部にしかすぎません。

しかし、会社に支配され、仕事に時間を奪われ、押しつぶされていく人間はあまりにも多い。そのために家族とも十分な時間を過ごせず、目先のお金や争いごとに翻弄され、未来が見えなくなって、はては身体まで壊してしまいます。

もう一度、言います。会社は人生そのものではありません。会社や仕事は人生を豊かにする道具でしかありません。みなさん、ここを勘違いしないでくださいね。

経営者であるみなさんがそのことを改めなくては、会社は絶対に変わりません。

幸せになるには、価値観を定めることが大切

休憩時間から戻ってきたアンリ・ジャールが、生徒たちに言いました。

「みなさん、企業には価値観を前提とした幸せがないといけません。そして、価値観を共有した人たちが集まらなければならないのです」

生徒の1人が手を挙げます。彼女は銀座でクラブを経営している有名ママです。

「企業の価値観ってなんですか？」

アンリ・ジャールは、にっこり微笑んでうなずきました。

「いい質問です。今さら価値観って何？　という質問をすると、恥ずかしいと思っている人いませんか？　価値観を調べてみると、今一つわかりにくい……そう思っていませんか？」

そう言って、アンリ・ジャールは続きを話し始めました。

人間は誰しもそれぞれ価値観がありますが、価値観は明確でなければなりません。企業の価値観は、言葉にできなければなりません。なぜなら、価値観が言葉にできなければ、新しい人を採用する時に、「間違って採用してしまって」後でトラブルになったりします。このことは、オンボーディング編で海外の事例などを示しながら、お話ししますが今日は、わかりやすく価値観について簡単に説明します。

「〝幸せ〟のほうが優先されるべきだ、ということについては理解できましたよね。じゃあ、こんな例をお話ししますが……ゴミ屋敷ご存じですか？」

アンリ・ジャールは、おどけた顔でみんなを眺めます。

「テレビで見ました」

とまた、同じ銀座のクラブ経営者が、嫌そうな顔でアンリ・ジャールを見る。彼はマイクを手にするような仕草をしながら、テレビの様子を再現し始めました。

「そうそう、テレビのレポーターが、マイクを持ってそのゴミ屋敷に行きます。お父さん、ゴミを片づけないとみんなの迷惑になっていますよ！」

なぜかゴミ屋敷の住人は、大概がおやじ。そのおやじが言いました。

「何言ってんだ。これはゴミなんかじゃねえ。これは俺の宝だ。この電気釜だってまだ使えるものを、粗大ゴミに出しちゃって、本当にどうなってるんだ。今の日本は‼」

すると、テレビのレポーターが、

「でも、悪臭がするし、道路にまでゴミがはみ出しているから、ご近所のみなさんが迷惑しているんですよ！」

「まだ、言うか！　これはゴミじゃねえ。俺はこの中に埋もれて本当に幸せなんだ。テレビもご近所も関係ねえ！」

アンリ・ジャールのテレビレポートにみんなは耳を傾けていました。

「どうします、みなさん？　このゴミ屋敷のおやじさんも、幸せを求めているんです」

「世間に迷惑かけては、ダメだろう！」

一番年長者の分別盛りの社長が、たしなめるように言った。彼は誰もが知っている会社の経営者です。

「会社の中で、同じことをやったらどうします？　机の周りをゴミ溜めのようにする。休息用のベッドを置いたら、一日中寝てる。卓球台置いたら、一日中卓球やってる」

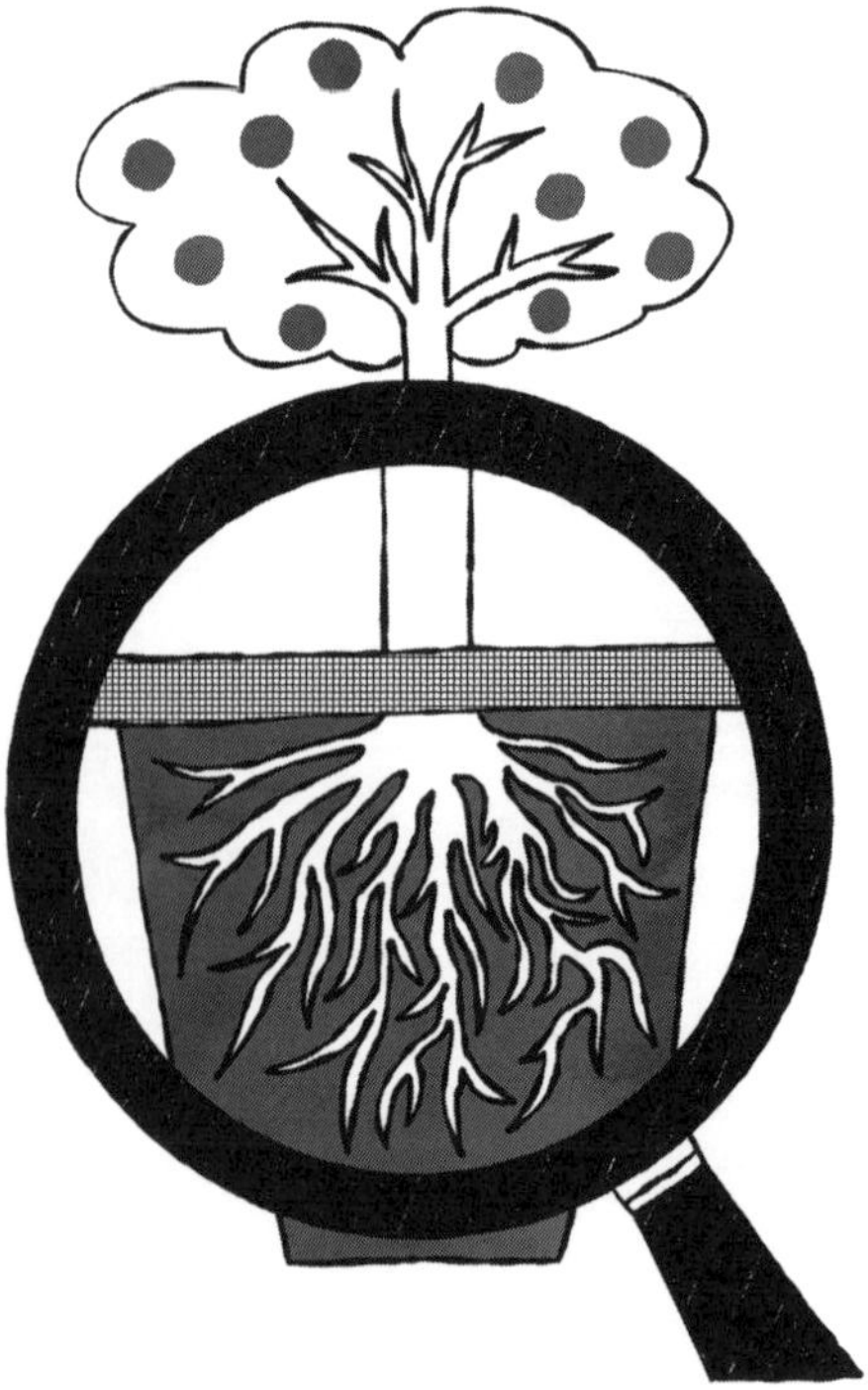

果実にばかり目をやるな、

幹があって、根が張って、土がある。

「それはルールをしっかり作ればいいことじゃないの？」

また、先ほどの分別盛りが憮然とした口調で続けます。

「それは正しいけど、少し違う」

アンリ・ジャールは、みんなに促しました。

「それじゃ、会社はルールだらけになる」

今度は、一番若い20代のＩＴ系の社長が口を開きます。

「そうです。必要なのは価値観の統一です」

アンリ・ジャールは、きっぱりと言う。

価値観によって、人は行動が変わります。そしてこの価値観は、〝従業員同士〟〝お客さま〟〝お金〟〝上司・部下〟〝商品〟〝サービス〟に現れてきます。オンボーディングで最も大切なことは、価値観の共有だからです。

ビジョンを語りなさい

「みなさんはイヌとネコ、どちらが好きですか？」

生徒たちが口々にイヌかネコを答えます。

「私はネコが好きです。2匹、飼っていますが、人間と動物の違いはなんでしょうか？」

イヌやネコはお腹が空くと鳴いてねだります。目の前の餌には必死になり、ご飯の時間になると餌が欲しくて暴れ回ります。面白いですね。

人間は昔、木の上で生活をしていました。誰かが最初に、木から下りてきて、火を使い道具を使い、その道具で狩りをし、寒い冬に備えて、食料を保管し生きながらえました。これが生活の知恵です。

「イヌやネコとの大きな違いはなんですか？　今日の文明が築けるようになった最も大きな点はなんだと思いますか？」

アンリ・ジャールが、みんなに問いかけました。

「コミュニケーション。つまり、言葉や文字を使えたことじゃないの？」

女性経営者の1人が、小さな声で言う。

「そうです。だけど重要なことはそのコミュニケーションで、何を語ったかです」

アンリ・ジャールは続けて言います。

もし、人類にストーリーがなければ、今日のような発展を遂げることはできなかったでしょう。ストーリーとは未来について語ることです。あるいは、ここでは起きていないけど同じことが起こったらと、他で起きた現象について語ることもあります。実は、このストーリーが会社で言う、ビジョンです。将来こんな会社にしたい。こんな製品を作って、世の中に貢献したい。楽しい会社を作りたい。戦国時代なら、「天下統一!!」これらがすべて、ビジョンです。

そしてこのビジョンで重要なことは、健全でなければ達成できないということです。

「みなさん、いいですか！　会社の中で一つのチームとして仕事をやっていくためには、どこへ向かっていくのかというビジョンが必要なのです」

ビジョンというのは、「俺たちは集まってこんなことをやるぞ」「多くの出資を募って、この製品を世に出すぞ」「交通事故がなくなるような、死なない車を作るぞ」とチームのメンバーに対して語りかけることです。

つまり、ビジョンとはストーリーのことです。

「最初の話からすれば、人が集まれば幸せを求めます。その幸せには価値観が必要になります。そして単に価値観を共有するだけでなく、集団だからちゃんとしたストーリー、つまりビジョンを持たなければなりません。これがここまでの話です」

アンリ・ジャールは熱を帯びてきます。

「さあ、みなさん、先ほど紹介した50年後のワインの未来を語る私の友人のことを思い出してください。価値観を共有してストーリーを語り、50年後のことまでしっかり考えなければなりません。自分たちの未来は〝なる〟ものではなくて〝作る〟ものです」

そう言うと、アンリ・ジャールはみんなに想像してください、と言い続けました。

「人にはもともと力があります、それを取り上げてはいけません。誰もが持てる力を遺憾なく発揮できるようにする、それが重要なのです」

生徒たちはじっとアンリ・ジャールの話に聞き入っています。

「いいですか、みなさん！　最初の話に戻ります、幸せな気分でいることが、第一条件なのです。つまり、幸せであると思える自分を作り出すことで、多くのよい結果を生むのです」

こんなデータがあります、とアンリ・ジャールが言ってスライドを投影して見せました。

幸福度の高い従業員の生産性は31パーセント高く
創造性は3倍高い
幸せな気持ちで、物事に取り組んだ人は生産性が約12パーセント上昇する
比較して平均2倍のスピード

このように、幸福度の高い人を仲間にすれば、視野の広い考えやアイデアが思いつきやすくなるのです。ポジティブな感情を持った人は、視野が広く、情報の理解力も早くなるのです。したがって、ポジティブマインドの人を採用し、価値観が同じ人と仕事をするということです。

天職とは何か

アンリ・ジャールは生徒たちに向かって聞きました。

「みなさんの多くは、会社経営者ですが、自分の仕事を〝天職〟だと思っていますか?」

教室のあちこちから「当然です」という声が聞こえます。

「そうですか、みなさんの仕事は、人生にとって最も大切なものなのですね。では、従業員はどうですか? みなさんの会社でやっている仕事を天職だと思っている従業員は一体どれくらいいると思いますか?」

あるアメリカの組織行動学の研究者がこう言っています。彼女は、人間の仕事観には3種類あると言うのです。

その3種類とは、ジョブ・レベル、キャリア・レベル、コーリング・レベルです。

成功する機会がなければ、
誰もそのために努力しない。

ジョブ・レベルというのは、仕事は単にお金のためだけ、生きるためだけにやっていて、仕事以外の余暇を楽しんだり、仕事が終わるのが待ち遠しかったりするタイプの人です。

キャリア・レベルというのは、今の仕事はキャリアアップのための手段であり、楽しく仕事をする反面、仕事半分プライベート半分という考え方をするタイプの人です。

そして、コーリング・レベルというのは、仕事自体にやりがいを感じ、就業時間以外でも仕事のことを常に考え、貢献したいという意欲が旺盛で仕事がうまくいくだけで満足感を抱くようなタイプの人です。このコーリングというのは、英語で神の思し召しというような意味で、いわゆる天職ということになります。

「みなさんがやりたくない、あるいはたいがいの人があまりやりたくない仕事を、いくつか考えてみてください……」

労働時間が長い仕事、収入が低い仕事、命の危険を伴う仕事など……いろんな仕事が、口々に浮かんできました。

「ではこれらの仕事で、コーリング・レベル。つまり自分の仕事を〝天職〟と思っている人は、何割くらいだと思いますか？」

みなさんの予想通り、多くの経営者は、少ないんじゃないの？　とか、あまりいないでしょう、という答えが大半でした。

「よく使われる、逸話を一つ紹介します。今聞いた、この三つの意識の前提を考えながら想像して欲しい」。それはアメリカの言語学者サミエル・I・ハヤカワが提唱した「抽象のハシゴ」という概念です。アンリ・ジャャールはそう言って物語を語り始めます。


「ある旅人が、レンガを積んでいる3人に出会います」

その3人に向かって、旅人は尋ねます。

「あなたは、何をしているんですか？」

1人目の男は、「いやぁ、ただレンガを積んでいるだけだよ」

とぶっきらぼうに答えました。

2人目にも同じように旅人は尋ねました。

「私は、教会の壁のレンガを積んでるのさ」

と答えました。また、同じように3人目にも尋ねました。

「私は、みんなが幸せに過ごせる場所を作ってるのさ」

と答えたと言います。


「みなさん、いいですか？　これがジョブ・レベル、キャリア・レベル、コーリング・レベルなのです」

言い換えれば「作業レベル」「目的レベル」「意義レベル」なのです。

そう、みなさんの想像を覆して申し訳ないが、この研究者が調べたところ、3種類の仕事観はどんな職業、どんな職種、どんな仕事の内容にも同じ割合で存在するそうです。

たとえば、いわゆる3Kのような人が嫌がる仕事でも割に合わない仕事でも、どんな仕事でもジョブと感じる人、キャリアと感じる人、そしてコーリング、つまり天職と感じる人の比率はほぼ同じということになります。

つまり、みなさんの会社の従業員もひょっとすると、3種類の人が同じ数だけいると思います。

もちろん、最も幸福度が高く、集中して仕事に取り組み、やりがいを感じているのは最後のコーリング・レベルの人です。問題なのは、それ以外のジョブ・レベルとキャリア・レベルの従業員をどうやってコーリング・レベルに変えていくかなのです。

仕事に意味や意義を見出し、スキルや能力を高め、貢献を感じるということは、すなわちコーリング・レベル、つまり天職になることに他なりません。

社会全体の役に立つような仕事をすることでやりがいが出てくるでしょう。この仕事は一体

会社の雰囲気は、よい方向に

向かっているか。

誰になんのために役に立っているのかを考え、自分がその仕事の中でどういう役割をはたそうとしているのか、という前提を持つことによってコーリング・レベル、そう、天職に近づけるのです。

楽しく仕事をしている人が増え、自分の仕事はとても重要な仕事で社会の役に立っていると胸を張って言える人が増えていけば、会社は創造性を増して発展していくでしょう。

日本では、「What do you do?（あなたは何をしていますか？）」と聞かれると、まず、「○○会社に勤めています」「○○会計事務所に勤めています」というように、仕事内容ではなく、どこの会社に所属しているかを答えます。それではコーリング・レベルに近づくことはできません。

仕事に対する意識は自分で深めるものですし、仕事の楽しさは自分で追求できるものでもあります。そして、それ自体が、やり抜く力だということをみんなが考えれば、会社も社会もすごくよくなっていくのだと思います。

なぜ優れたリーダーのもとでは安心を感じられるのか？

アンリ・ジャールは、世界中のスピーカーが講演するTEDの中の、「なぜ、優れたリーダーのもとでは安心を感じられるのか」のサイモン・シネックの講演映像を流し始めた。

聞き終わると、アンリ・ジャールはいくつか面白い部分の解説を始めた。

「みなさん、この話を聞いていかがでしたか？　ウィリアム・スウェンソン少佐の取った行動が、賞賛され名誉勲章が与えられたという話でした。そして彼の行動は、救護に向かった医師のヘルメットにつけていたカメラに一部始終が収められていたというものでしたよね」

彼は、銃弾の飛び交う中、負傷した軍曹を救出しヘリコプターに乗せました。

スウェンソン少佐は腰を屈め、負傷した軍曹にキスをしてから、他の人たちを助けるために戻っていったのです。この彼の行動に、サイモン・シネックは、驚くわけですね。

サイモン・シネックは、こういう人はどうやって出てくるのだろうか？　これは一体なんなのだろうか？　という疑問を持つわけですね。

みなさんどうですか？　彼の取ったこの行動。どう思いますか？　この話の中で、サイモン・シネックは注目した点を次のように言うわけですね。

「軍隊では他人のために自分を犠牲にした人に勲章が授与されますよね。ビジネスの世界では、自分たちが利益を得るために他人を犠牲にした人たちにボーナスが与えられます。正反対ですよね」

とサイモン・シネックは言いましたね。どう思います。そして次に、スウェンソン少佐のような人がどこから現れるのかという疑問です。つまり、あのような人柄の人は、生まれつき「いい人なんだ」という結論で片づけることはできないし、こういう人はどうやって出てくるのだろうか？　これは一体なんなのだろうか？──

それは「いい人」だからで解決できるのかどうかという点に注目しますが、でもそうではなくて、それは環境がなせる業《わざ》なんだという結論なんです。

そう、重要なのは環境だということですね。ちゃんとした環境にいれば、誰でもみんな、このような素晴らしい行動を取ることができるし、さらに重要なのは、誰もがこの可能性を持っているということです。

で、ここで重要となるのは信頼と協力だというわけです。信頼と協力の気持ちは、指示されて生まれるものではないということです。

そのためには、リーダーが組織内の人たちの安全と生活を第一優先とするよう心がけることによって、人が安心感を得て、所属していると実感するために、利便性や目に見える成果を犠牲にすると、素晴らしいことが起きると言いましたね。

「まさに、この原点がなければ、行動は変わらないでしょう」

次に飛行機に搭乗する際の話が出ましたね。これはサイモン・シネックの実話のようです。列を乱した人への注意があまりにもひどいので、「なぜ人を家畜のように扱うんですか？私たちをもう少し人間らしく扱えないのですか？」とサイモン・シネックは言いました。

すると係員ははっきりとこう言いました。

「私が規則を守らなければ、私が怒られるかクビになるでしょう」

これが一般的な感情なのかもしれません。

マニュアル通りにしなければ、「上司に怒られる」「クビになる」といった感情を前に出させて仕事をさせている。つまりそれは、リーダーへの不信感です。

もし、環境が整っていなければ、多くの従業員は他の人たちから自分自身を守るために時間とエネルギーを使わなければなりませんし、それが組織を弱体化させる原因となると言い切ります。

優れたリーダーは、親のような存在で、子どもたちには「機会を与え」「教育を与え」「必要な場合は叱る」必要があります。なぜなら、子どもが成長し、自分たちよりも大きな達成が得られるようにするためです。

優れたリーダーにも同じことがいえます。従業員に、機会を与え、教育を与え、必要な場合は叱り、自信を持たせ、挑戦と失敗する機会を与える必要があります。すべては、自分たちの想像を超える達成が得られるようにするためです。そして、どんな大変な時でも、もし家族なら、子どもをクビにすることもないし、苦しい時なら苦しさや大変さを一緒に共有しようとするはずです。

素晴らしい話でした。この中の環境ということ、信頼は指示されて生まれるものではないということ。企業文化ということなどについて深く考えてみてください。それは一朝一夕《いっちょういっせき》にできるものでもありません。

それこそ子どもを育てるように時間がかかります。でも、リーダーがこんな会社を作りたいんだと示し、毎日の努力を怠らなければ必ず会社は変わります。

サイモン・シネックは、リーダーシップの本も出しています。ぜひ読んでみてください。

何をもらえるかではなく、何を与えられるか

10分の休息が終わると、アンリ・ジャールが教室に戻ってきました。生徒たちはお互いに慣れ親しんだのか、そこここで話していたりしましたが、あわてて机に戻ります。

「みなさん、ちょっと想像してみてください。ある女性が、村にたどり着きました」

アンリ・ジャールはそう話を始めました。生徒たちは、次はどんなエピソードなのか、興味深そうに話を聞いています。

「女性はその村で2匹のイヌと出会います……。1匹目のイヌは楽観的で、とても人懐っこく、すり寄ってきます。しかし、もう1匹のイヌは悲観的で、いつも疑り深い様子で、人間を見てもすぐには近づいてこようとしません」

アンリ・ジャールは、少し間を置いてから聞きました。

「さあ、みなさんは、この2匹のイヌのどちらに餌を与えますか?」

生徒たちは「楽観的なイヌです」と口々に答えます。銀座のクラブのママが言いました。

「疑り深いイヌってのはかわいそうだけどね」

アンリ・ジャールは笑いながらうなずきます。

「そう、もちろん、ほとんどの人は楽観的なイヌに餌を与えるでしょうね」

ところが、私たち人間というのは、なかなか人懐っこくってすり寄っていかないからすぐに餌をもらえないですね。

「まずい、うちの会社の従業員は、なかなか餌にありつくことはできないかも……」と、老舗の出版社の会社経営者が言って笑うと、みんなもつられて笑った。

さて、楽観的なイヌはなぜ餌をもらえたのでしょうか。

あなたの会社の幹部は、
部下を育てなければならないという
道義的責任があることを教えなければならない。

これは、つまりギブ&テイクなのです。笑顔、親しさ、楽しさを与えたから、その対価として餌がもらえたのです。

会社の組織もビジネスも同じです。

お客さまから心地よい反応を得ようと考えるならば、お客さまが心地よいと思う材料を発信しなければなりません。

さて、ギブとテイク、どちらが先ですか？　ギブですね。

会社の場合、そもそも考え方の前提からギブ&テイクのギブから始めるということでなくなっています。

従業員は、会社から何かをもらうのではありません。会社に何を与えるかなのです。

たとえば、みなさんが野球チームに入ったとします。まず、エース・ピッチャーや、4番バッターになろうと思うはずです。そのために努力するでしょう。つまり、何をもらえるのではなく、自分がその中で何を与えられるかなのです。

つまり、ギブが先なのです。

これは私が実際に、ある銀座のクラブの夕礼に顔を出した時のことです。ある1人の新人ホステスが質問しました。

「どうやって、お客さまを褒めたらいいのかわからない……」

このクラブは、政治家や芸能人も多く通う有名高級クラブです。やり手のママは、すかさず答えます。

「みんな、いい？　褒めるのに躊躇はいらないの。簡単なのよ、みなさんが目にした物をなんでも褒めればいいのです。〝メガネのフレームの色が素敵ですね〟〝素敵な色のネクタイしてますね〟〝おしゃれなペンを使ってますね〟と、なんでもいいんですよ。見たものを褒めれば」

これがギブです。飲み屋に来るお客さまは、みんなテイクしたくて来ているのです。だから、大げさにいえば誰かまわずギブすればいいのです。

ところが、日本人は褒められると謙遜します。世界では通用しません。褒めているのに「いや、とんでもないです」と否定してしまいます。褒められたら、もらいましょう。受け取りましょう。社内でもそういう関係を作ることが、コミュニケーションの潤滑油になるのです。

ある空港で私が体験した話を紹介しましょう。私はフランス語と日本語は得意ですが、早口な英語はときどき聞き漏らすことがあります。アメリカのオーランド空港のことでした。私の友人の女性会計士と空港に行きました。彼女が、私を空港に見送りに来てくれた時のことです。

チェックインをしている、私の横にいた彼女に向かって、空港のカウンターの女性が訛りのある早口な英語で、何か彼女に言いました。それを聞いて、私の友人の会計士の女性が思わず照れて「サンキュウー」と答えていたから、何を言ったの？　と聞きました。すると彼女は、照れながら「これまで見たカーディガンの中で、一番素敵な色だ」と言って褒めてくれたそうです。もう二度と会わないかもしれない、客に向かって。

「わかりますか？　みなさん」

つまり、ギブするというのは日本人の悪いところです。褒めることが何か悪いことと勘違いしている人はまだたくさんいます。褒めると図に乗るといった人がいます。いいじゃないですか、図に乗ってガンガンやってくれれば。ひどく注意されて、落ち込んで沈んでいくよりずっといい。

ギブ&テイクはまずギブすることが大切です。サンタクロースのように物をプレゼントしなくてもかまいません。言葉を贈ることでいいのです。そして、褒めるという言葉のプレゼントをすることで、会社の中の創造性は豊かになるのです。

トップダウン方式からセルフ・マネジメント方式の組織へ

日本の組織はこれまで常にピラミッド型でした。社長や経営陣をトップにいただき、その下に部長、中間管理職、従業員といった階層構造になっています。

今でも日本では実に多くの企業が、トップダウンの階級組織を大切に守っています。中小企業も然りです。これには従業員を管理し、人が人を管理するという考え方が前提にあります。こうした組織では決してエンゲージメントやエンパワーメントが高まることはありませんし、そんな会社に本当に勤めたいですか？

なぜなら、すでに一部の経営層だけが情報を得て、それを下に下ろす時代ではないからです。21世紀に入ってすでに20年がたとうとしていますが、このように情報がどんどん入ってくる時代で、一部の人たちが多くの人を管理するということ自体が無理なのです。従来の人事管理手法では21世紀に直面する課題に立ち向かうことはできません。

インターネットの普及でほとんどの情報が共有され、上から下への管理が及ばなくなってきています。つまり、すでにピラミッド型の組織は機能しなくなっているのです。

みなさん、ではどうすればいいのでしょうか。

従来のピラミッド型組織で最も構成人数の多いのはどんな人でしょうか。そうですね、従業員の人たちです。

社長も新入社員も同じ情報を得ているとしたならば、数の多い人から個々の情報を集めるのが最も効果的です。こうした人の情報を常に吸い上げていく会社が発展していくのだと私は思います。

これまでの会社経営陣は、新しい従業員が入ってきたら、その人を会社に都合のいい人間に作り上げていくのが仕事だったのです。

しかし、情報が共有される時代になって、こうしたマネジメントがオープンになったら、誰もそんな会社に入りたいとは思わないでしょう。

「みなさん、本当にそんな会社に入りたいですか?」

今、アメリカでの先進的な多くの会社は、従業員を満足させることを目的にしています。「満足した従業員が、お客さまを満足させる」という前提です。

そうではない会社で満足できない従業員は、会社の悪口をネットに書き込んだりします。守秘義務などおかまいなしに、会社の情報を外部へ漏えいしたりするかもしれません。

誰も人の心までマネジメントすることはできないのです。

ピラミッド型で最も下層に位置していた従業員こそが、逆ピラミッド型ではトップにきます。

ここで重要な言葉は、エンゲージメントということです。

エンゲージメントされている従業員は、ネットに会社の悪口を書き込んだり、会社の情報を漏えいしたりすることはありません。

さて、こうした組織では、個々人が自分自身を管理しなければなりません。つまり、これからの組織はセルフ・マネジメント方式になってきます。

たとえば、みなさんが友人同士で飲みに出かけたとしましょう。飲み会が終わり、誰かが自然に会計役を買って出てお金を集めてチェックする、というのがセルフ・マネジメント方式です。自分で自分を管理し、お互いがお互いを管理し合うというわけです。

組織は大きく変わってきていますから、逆ピラミッド型であったり、スターフィッシュ型というのもあります。

みなさん、スターフィッシュとは何かわかりますか？

そう、ヒトデですね。ヒトデは星形に腕を伸ばしています。逆三角形でもなければ台形でもありません。

では、こうした発想はどこからくるのでしょうか。人間には一人ひとり、もともと力があるのだから、その力を取り上げてはいけないというふうに私は思います。

たとえば、就職する前の大学生には、上級生として学校行事なり部活動なりサークルなりでリーダーシップを発揮する人が多くいます。そうした人を、会社に入った途端に一番下の小間使いにしてしまうのは、もったいない話です。

それに、言葉づかいや名刺の出し方、電話の対応、身だしなみなど、社会人としての最低限のマナーは、誰にでもいずれできるスキルです。こうしたことを除けば、彼らが活躍する場所を用意しなければなりません。

いずれにしろ、従業員を管理して上意下達型で従わせるのは、もう古いやり方だということを認識しなければなりません。

たとえば、アメリカの企業から、ラウンジをおしゃれにしたり、オフィスにブランコや卓球台を置いたり、ランチを無料にしたりするという施策ばかりをマネして、先進的企業だとばかりに吹聴している企業もありますが、しかし、これは全くの本末転倒です。もちろん、こうしたことはないよりはあったほうがいいかもしれませんが、従業員にとって仕事の満足がまず最初になければならないということを肝に銘ずるべきなのです。そこで会社と個人はつながり合っていると。会社が居心地よければ、仕事も楽しくなるというのは大きな勘違いです。従業員にとっての満足は、仕事からしか得られないからです。

「こんな話があります」

日本、アメリカ、カナダ、オーストラリア、韓国の5カ国で、ある調査を行いました。

対象者は、3000人。彼らのパフォーマンス、つまり仕事の結果はあらかじめわかっていました。その彼らに、「みなさんは、仕事に満足していますか?」という質問をしました。

ちょうど、1500人ずつに分かれ、「はい」と答える人「いいえ」と答える人に分かれました。

満足している、1500人のパフォーマンスを調べたところ、パフォーマンスを上げている人のほうが、「仕事に満足している」と答えました。

このことから、仕事に満足させるには、「仕事の結果を出させることに」躊躇なくすればいいという結論が出ました。

「みなさん、いいですか?」

長い話から、アンリ・ジャールはみんなに注目するようにと、右手を上げ、人差し指を立てた。仕事の一番重要なこと、そう、根本に立ち戻ってみましょう。

仲間意識を生むために、飲み会をやったり会社の卓球台で遊んだりするのは、その結果として従業員が会社の業績をよくしていこう、自分たちのチームに勝利をもたらそうと考えるためのものなのです。

今の会社経営で重要なことは、すべての従業員の幸せにフォーカスすることで利益を生み出すということです。

これまでの経営者は、利益追求のもとに従業員を集めていました。これからは従業員の幸せを前提に考えていかなければなりません。人が人を管理するのではなく、人を解放するような会社の文化づくりを行わないといけないのです。

日本の会社では、とかく理由や目標を述べずに「とにかく頑張れ」と発破をかける習慣があります。

しかし、ビジネスをスポーツの試合として考えてみればわかりますが、サッカーでも野球でも「とにかく頑張れ」では選手はどうプレーしていいのか戸惑ってしまうでしょう。

会社でも同じです。あと何点取れば勝てるのか、残り時間はどれくらいだからどういう戦術でいくのかという細かい情報を与えず、とにかく売り上げを伸ばしてこいとだけ命じて外回りに出すようなものです。

こうした情報の共有はとても重要です。

情報が共有されることで、チームの全メンバーが次に何が起こるかがわかりますし、起きることに対して自分が貢献できることを考えるようになるからです。

時間がない時にどうするか、自分がどう貢献すべきなのかをチームの全員が共有できるようになります。

たとえば、サッカーの試合でも1点差で勝っていたのに、ロスタイムに入ってから同点にされた時など、個々の選手がどうすべきかわかるようになるでしょう。時間がないという情報、まだ同点になっただけで負けてはいないんだという情報などを共有すべきです。これができていないと同点にされた時点で浮き足立ってしまい、決勝点を献上することにもなりかねません。

従業員の創造性の総和が利益になる

「みなさん、先ほど見せたスライドの内容を覚えていますか？」

アンリ・ジャールが聞くと、生徒の中から答えが出てきました。5人の女性経営者の1人です。

「はい、幸福度の高い従業員の生産性は31パーセント高く、創造性は3倍高い、です」

「それと、幸せな気持ちで物事に取り組んだ人は生産性が約12パーセント上昇する、だったかな」

若手のＩＴ起業家の答えにアンリ・ジャールは満足そうに微笑んだ。

「よく覚えていましたね、その通りです。つまり、従業員を幸福にすれば創造性が増します。そして、従業員の創造性の総和が利益になるのです」

たとえば、省エネなどと言って会社の天井の照明を半分にしたり、給湯室の水も節水し、会社の飲み会もビールでなく発泡酒、会議の弁当も一番安いものというようでは、会社の雰囲気が暗くなってしまい、とても創造性が湧くような環境とはいえません。

では、従業員の創造性を湧かせ、高めるためにはどうすればいいのでしょう。つまり、従業員の幸福度を上げるためにはどうすればいいのでしょうか。

私たちは会社で「幸せでいるか」

「不幸でいるか」を選ぶことができる。

みなさん、まずこう考えてください。創造性を高めるには明確な目標を持たなければなりません。明確な目標があるから創造が生まれるのです。

会社の成長という意味は、前の年に比べて1割でも2割でも自分の創造性を増していこうということです。

会社を始めたばかりの頃、知名度も低ければ目立った業績もない中、従業員の採用に苦労された方は多いと思います。企業の経営者であるみなさんは、そうした時どうしてきたのでしょうか。

従業員を単に「1＋1＝2」で考えていませんか。そうではなく「1＋1」を3、4それ以上というように考えていく必要があります。

実際、企業経営では「1＋1」から「1×1」というチームづくりの考え方に変わってきています。つまり足し算から掛け算に変わってきているのです。

これはつまり「1・1×1・1×1・1……」というチーム掛け算になります。

この1・1の0・1は、昨年の数字を1として、そこに10パーセントの創造性を加えて1・1にしているという意味です。一人ひとりの創造性の掛け算が大きな利益を生み出します。逆にいえば、一人ひとりがマイナス0・1で0・9になれば、大きな損失を生み出すことになってしまうでしょう。

創造性の低い、そしてみんなと折り合いの悪い人を採用してしまったら、大変なことになってしまいます。それが0・9であれば、他のエンゲージメントの高い従業員に大きな影響を与えてしまいます。したがって、どういう従業員を採用するのかを、「技術面」と「文化面」で考えなくてはなりません。そしてまず、チームで一緒に仕事をすることができる人なのかどうかが重要です。

そのためには採用時からの対策が不可欠であり、社長であるあなたや仲間と価値観を共有できる人かどうかが大切になってきます。そういう人であれば、社長がこうしたい、経営幹部がこういうふうになりたいと考えている未来に向かって、一緒に進んでいくことができるでしょう。

繰り返しますが、採用時にはあなた自身と価値観を共有できる人かどうかが第一の優先事項になります。そのためには「お客さまに対して」「商品やサービスに対して」「同僚に対して」「お金に対して」という基本的な価値観のスタンスを確認しなければなりません。

一緒に仕事をしたいと思う人を採用する

アンリ・ジャールは、ここで生徒たちを見回しました。

「みなさん、会社を成長させていくために、絶対に欠かせない存在はなんだと思いますか？」

今度は生徒から次々に声が上がります。

「投資家と資金です」

これは有名企業の社長。続いてベンチャー企業の旗手。

「市場調査かな」

「顧客満足度を上げることだと思います」

5人の女性経営者の1人が続けます。しばらく答えを聞いていたアンリ・ジャールは首を振りました。

「もちろん、どれも間違いではありませんが、最も大事なもの、それは従業員の力です。社長がなんでもすべてやってしまおうとすると、絶対にうまくいきません」

会社が上昇気流に乗って成長し、何をするのにもスピード感が必要な時、その逆に大きな試練にぶつかって壁に向かっていく時、こうした時こそ従業員が本気になって力を発揮しなければならないのです。

こうした従業員の本気の力は、どうしたら発揮できるようになるのでしょうか。

そのためには、あなたと従業員、従業員同士、それぞれのコミュニケーションやチームワークがうまく噛み合わなければなりません。どうすれば、あなたと従業員、従業員と従業員同士のコミュニケーションやチームワークがうまく噛み合うようになるのでしょうか。

まず、あなた自身が会社に愛を与え、従業員を愛し、商品を愛し、お客さまを愛してください。そうすれば、従業員も会社に愛を与え、同僚を愛し、商品を愛し、お客さまを愛するようになるでしょう。

友情を育む社風を作り、この人たちと人生を共有しよう、こう従業員が考えることが、素晴らしい会社を作っていく大前提です。

こうした従業員と一緒に未来を目指し、従業員と一緒に技術を分かち合い、従業員と情報を共有し合う。そこに集う従業員を愛し、従業員に愛を与え、従業員に喜びを伝える。そうすれば、会社は伸びていき、従業員の給料も上がり、あなたにもお金が入ってくるようになります。

つまり、与えることから始めればいいのです。成功した人たちは、みんなこうしたことをやっています。成功できない人たちは、その反対をやっているのです。

従業員のやる気、最善の努力、仕事に対する献身的な取り組みは、こうした友情から生まれます。

間違えてはいけないのは、この友情とは決して友人を連れてきて一緒に仕事をするようなことだけではありません。

その人の人柄は、その人がもともと持っているものです。技術は入社後に教えることができますが、人の心は入社してから変えようと思っても変えることはできません。

採用の際に気をつけておかなければならないのは、人柄のよくない人は絶対に採用してはいけない、ということです。

なんでもプラスに考えてくれる人を採用するべきです。

プラスに考えるとはどういうことでしょうか。よく楽観主義と悲観主義といわれますが、悲観主義の人は自分に起きたことに対し、それらがすべて外からの影響と受け止めてしまいます。常に外から影響を受けていると考えるので、自分がなく、ふらふらして外からの影響ですぐに心が変わってしまうのです。こうした人は、外からの影響に染まりやすいともいえるでしょう。

なぜ、こうした人はすぐに心が変わったり、影響に染まってしまいやすいのでしょうか。

それは、その人に確固たる目標がないからです。

確固たる目標があれば、どんなことが起きても、それは目標に向かっていくための挑戦の機会ととらえることができます。

こうしたとらえ方ができる人が楽観主義者です。採用の際には、こうした思考のできる人を選び、経営陣や従業員全員が一緒になって100パーセントの力を出すような会社、従業員が友情を育む会社を作っていきましょう。

経営者は、同じ価値観を共有し、友情を育めるような人を採用しなければなりません。

ところが現実は違います。多くの会社の場合、従業員は会社にいる間は会社用の顔をします。これは能面のような、本音を言わない、本当の表情ではない顔です。

こうした従業員が多いと、上司と部下とが本音を言い合いませんし、隣に座っている同僚とも本当に思っていることを話し合わないようになります。極端な例では、目の前に同僚がいるのにメールで要件をやり取りしてしまうようなことになるのです。

これは私が耳にした実例ですが、仕事上の問題を上司が部下にメールで注意し、部下がそれにメールで答えるというようなやり取りを日常的にしていたソフトハウス会社がありましたが、いい技術を持っているのにもかかわらず、やがて潰れてしまいました。

何年間も同じ会社に勤め続け、退職する最後の日までお互いに本音を言い合えないような不幸なことがあってはならないのです。

経営者と従業員、従業員同士の心が通い合わなければ、会社は本当の力を発揮できません。会社が継続するためには、いい技術があったり営業力があるだけでは難しいのです。

このことからわかるのはなんでしょうか。

従業員を採用する時には、その人が持っている能力や技術を優先すべきではなく、本当にこういう人と一緒に仕事をしたいという人を採用すべきです。従業員の本気の力を発揮させるために、絶対に必要なのは一緒に仕事をしていこうという友情なのです。

「みなさん、これで本日の講義は終わりです。従業員を幸せにすれば成果は上がる。このことが最も大事です」

アンリ・ジャールは、にっこり微笑みながら生徒たちを見回しました。生徒たちの間に満足げな表情が浮かんでいます。

「次回は、今回よりもさらに深掘りしていきましょう。楽しみにしていてください」

CHAPTER
1
Summary

・採用に失敗したくないなら、会社の価値観を明確にして、言葉にすること。

・会社が一つのチームとして成長するには、進むべきビジョンを語らなくてはいけない。

・躊躇せず褒めることで、会社の中の創造性は豊かになる。

・明確な目標があるからこそ、創造性を高めることができる。

・経営者と従業員の心が通い合ってこそ、会社は真の実力を発揮できる。

CHAPTER

2

新しい時代のエンゲージメント

── エンゲージメント向上で、
従業員のパフォーマンスを上げよう ──

maxim

「目的と方針がなければ
努力と勇気は
十分でない」

---- ジョン・F・ケネディ ----

アンリ・ジャールは、城の模型を両手で抱えて持ってくると、自分の机の上に置きました。

「これから、〝城づくりレース〟という物語を読みます」

そう言うと彼は、左手に持った紙を読みながら、みんなの周りを歩きます。


むかしむかし、ノースランド王国にハロルフ王の娘の美しいアサ王女が住んでいました。王女には各地に多数の求婚者がいましたが、特に積極的であったのはアグナイ王子とボーランド王子でした。

王女は2人のどちらかを選べず、王にアドバイスを求めました。

「2人とも素晴らしい馬乗りで、どちらも同じくらいハンサムな王子です。どちらを選べばよいのでしょう?」

これを聞いて王は2人の王子を宮廷に呼びました。

「王国を守っているのは南北にある丘である。一つずつお前たちにやる代わりにその丘の上に王女が住むための城を建てよ。先に城を完成させた者が王女と結婚するのだ。しかし、これ以上の経費をかけてはならぬ」と言って、王は2人に500クラウン金貨を与えました。

2人の王子はただちに仕事を始めたが、王子2人の考えは違っていました。

アグナイ王子はこう考えました。

「これはレースだ。だからスピードが大事だ。私は大勢の労働者を安く雇おう、硬くても安いし楽だから近くにある石を使おう。時間がないからきちんとした足場を組まず、野宿し丘で野イチゴを食べよう」

一方のボーランド王子は違う考えでした。

「城を建てることは長期の骨の折れる危険な仕事だ、私は正当な給与を払えるだけの男たちを雇おう。扱いやすい山の石を採掘し、男たちの寝床や足場のために松林を切り倒そう。そして彼らのために常時、鹿や猪を提供するハンターを雇おう。そして私の城づくりを手助けしてくれる者や彼らの家族が困った時は、城に駆け込むことができるよう、城の所有権の一部を与えよう」

その夏の終わりにハロルフ王は王子たちを訪れました。

アグナイ王子の城は半分できていたが、ボーランド王子の城はまだまだでした。

「ボーランド王子の城は、完成すれば素晴らしい城になるのだろうねぇ」

「一緒に住むはずの王女がいないだろうから残念だけど……」

と人々はボーランド王子をあざ笑いました。

しかし、ハロルフ王はそう思いませんでした。

そして過酷なノースランドの冬がやってきました。

手が冷たいのでアグナイ王子たちの石はさらに加工しづらくなり、不十分な足場のせいで事故件数が3倍になりました。

野イチゴはなくなり、ベッドだった青草は枯れ、雪が積もりました。

不平不満は募り、「どうしてこんな状況で仕事をしなければならないのか?」と1人、また1人、アグナイ王子の労働者たちは仕事を辞めていきました。

ボーランド王子の労働者たちは、城を完成することにより、自分や家族の一生の安全が約束されることを知っていたのです。

彼らは「私たちは城づくり競争にかなり遅れているので……」と、より効果的な方法を探したり提案してくれるまでになりました。

そうしてアグナイ王子の城が思うように進まなくなった頃、ボーランド王子の城づくりはどんどん進んでいきました。あなたの想像通り、夏が過ぎ、そして冬も過ぎた頃、ボーランド王子の城は先に完成した。そしてそれはどの城よりも見事に美しい城でした。

豪華絢爛なアサ王女との結婚式の席で、ハロルフ王はボーランド王子の隣に座り、「私は息子以上のものを得た」と言いました。

「城づくりで得た教訓は、決して忘れてはいけない」とも。

アンリ・ジャールは、物語を書いた紙を机に置くとじっとみんなを見ました。

「みなさんは、どのようにして城づくりを始めますか？」

みなさんは、この物語の勝利者が、ボーランド王子とわかったから賢明な決断を下そうとしますが、本当にそうですか？

途中で、ハロルフ王が城づくりの様子を見に行きましたよね⁉

「あそこで、もう勝負あった。アグナイ王子の勝ちを宣言して、ボーランド王子の予算を取り上げたりしませんか？　そして、自分の跡継ぎができた、とその金でハワイに行ったりしませんか？」

アンリ・ジャールの話に、みんな現実に引き戻され、苦笑いを浮かべました。

「実は、これはある会社が、新聞に全面広告を出した時に載せたストーリーです。この物語を載せた会社は、何屋さんだと思いますか？」

有名企業の社長が「建設会社」と発言すると、「不動産会社」、あるいは「ネット通販会社ですか？」という声も聞こえました。

「いずれも違います。これはボルボ社です。そう、車のボルボです。フォードに対抗してこの全面広告を新聞に載せました。ボルボは、チームワークの価値を教えてくれた最初の会社です」

こうしてアンリ・ジャールの2回目の講義が始まりました。

ミッションとゴール

「私は新しい文化や概念を、これからの会社の中に取り入れたいと思っています。それが今、私が本気で取り組んでいることです。おそらくこれからのビジネスのキーになるのは、そうしたことです」

アンリ・ジャールは、自らの意気込みと使命を語った。みんなは、神妙な面持ちで聞いています。

さて、みなさん、この物語をもう一度思い出してください。

王子2人に与えた本当のミッションはなんですか？　ゴールとはなんですか？

ミッションとは、その会社が社会にはたす役割や使命ですね。そして、ゴールとは目標です。

ミッションは深層であり、ゴールは表面です。

会社でいうなら、役割や使命をはたすことによって、結果が生まれます。それがゴールです。目標を決めてそこを目指しますが、ミッションを失ってはなりません。

「さてみなさんに質問します。ハロルフ王が与えた、本当のミッションはなんですか？」

と言って、自分の頭の中で90秒考えて、答えを言ってください、とつけ加えました。

一瞬言おうと口を開きかけたものの、そのまま口を閉じた。90秒が過ぎました。

「城を造ること」

「結婚だよ」という声も聞こえます。

みんなはミッションとゴールが、頭の中で混乱しているようです。

「城を造ること」は、ただのゴールにすぎないのです、とアンリ・ジャールは、みんなを諭すように、ゆっくりと言いました。

もう一度、このボルボ社の広告のストーリーから考えてみることにしましょう。まず、それぞれの王子のミッションはなんですか？　考えてみてください。

「城を造ること？」

「結婚すること？」

「レースに勝つこと？」

今日は、エンゲージメントの話を中心にしますが、エンゲージメントにとって重要なことは、このミッションとビジョンなのです。

「政治の世界で、政権を取ることはミッションではありません。政権を取ることはゴールです。ミッションは、国を守り国民の豊かな生活を作り上げることです」

政治の話をすると、複雑な気持ちになってきますが、強いリーダーシップのある政治家も輸入したくなりますね。

「さて、この物語の王子のミッションは、アサ王女と結婚して国を守ることです。そして、将来このような国家を作りたいということがビジョンです。人はビジョンによって、鼓舞され感動し、ミッションを達成すべく行動を起こします」

多くの場合、ミッションを忘れ、ゴールだけに目を奪われがちです。つまり、城を造ることだけに……。しかしそれでは、アグナイ王子のような戦術に陥ってしまい、誰もやる気をもてなくなってしまうでしょう。

城を造ることは、ゴールです。実は、ゴールから始めてミッションを見失う人がたくさんいますが、これは間違いです。

絶対にゴールから計画を策定してはなりません。

ビジョンは、将来の展望であり、ミッションはチームの役割、使命です。

この物語の中に、みんなを思いやる気持ちがありましたよね。

「話の中に、ストックオプションがあったよ」

IT系の若い社長が、大きな声をあげた。

「よく気づきましたね。所有権の一部を与えるとは、今でいうストックオプションのようなものです」

なるほど、とみんなは笑いました。

「適正な給与を払えるだけの人員しか雇わない。つまり適正な利益分配です」

「寮完備の話も出てきました」

銀座のママが笑いながら言います。

「そう、寝床や足場の確保。これは暖房設備のある寮完備というところですか。そして常時、鹿や猪が提供されるというのは、レストランつきの会社といったところでしょうか？」

これらを並べて、アンリ・ジャールが話すと、みんなはなるほどというように笑いました。

フォードは、流れ作業の中で人々を分担させ車を作らせていましたが、それに対抗してボルボは、チームの力で力を合わせて車を作ることの大切さを伝えてくれました。これからの時代は、チームの力をますます教えなければならない時代になりました。

エンゲージメントとは

ところで、この城づくり物語はどうでした？

「私たちは城づくり競争にかなり遅れているので……と、より効果的な方法を探したり提案してくれるまでになった」とありましたね。

従業員の大多数が、今の会社で働けて

幸せと思える会社を目指そう。

それがエンゲージメントの効果効能なのです。

エンゲージメントは、帰属意識などと解釈されているケースもありましたが、ちょっと違います。なぜなら、帰属意識には必ずしもポジティブな動機が入っているわけではないからです。会社に対する帰属意識の中には、会社と仲間に貢献しようというポジティブな動機もあれば、一方で大企業で安泰だから居座ろうとしていたり、転職するリスクを恐れて安心感から会社に依存しようという動機が混在しているのです。

したがって、単なる満足度調査とエンゲージメントはその根本が違います。

エンゲージメントは帰属意識より、もっとポジティブの側へ踏み込んだ考え方です。つまり「個人と組織が一体となって、双方の成長に貢献し合う関係」というのがエンゲージメントです。

エンゲージメントとは、組織に対する「愛着心」や「思い入れ」の意味合いとして使われることがありますが、実際には、チームのメンバーが会社の方向性を理解し、自らが意欲的に仕事に取り組み、仲間や会社に深く思い入れを持つことです。

エンゲージメントの高い組織は、

「従業員が辞めない」

「生産性が向上する」

「自らが積極的に動く」

「顧客満足の向上」

「顧客の保持」

などがあります。

エンゲージメントを高めるためには、継続的な活動で従業員と経営陣が一体となって、会社改善を行わなければなりません。

「今の若いやつに、そんなことが通用するの?」

IT系の若い社長が、理想論じゃないの? と言わんばかりに口を尖らせました。

確かにそうですね。ある調査によると、日本のエンゲージメントのレベルは、世界でも最下位レベルだそうですから。

アンリ・ジャールは、G社の調査結果を見せながら話し始めました。

「それは驚きだね。意図的な調査じゃないの?」

一番年長者の経営者が心外と言わんばかりに発言すると、「あら、まんざら当たってなくもない気がする」と、女性経営者が言いました。

「どうしてそうなったんだろう。戦後の日本のエネルギーはどこに行った!!」

「この会社」と言う者がいれば、

「私たちの会社」と言い直させろ。

わざとらしくベンチャー企業の経営者が声を上げると、みんなはつられて笑いました。

もう一つ、経営者のみなさんにとって頭の痛い結果を申し上げます。

「周囲に不満をまき散らしている無気力な従業員の割合は24パーセント。やる気のない従業員は、なんと70パーセントもいるから恐れ入ります」

こうしたことにいち早く気づいたのはアメリカです。

昔は、何人辞めても代わりがいくらでもいるという時代でした。しかし、今は違ってきました。採っては辞め、採っては辞めを繰り返すなら、いかに、今いる従業員に残ってもらうかが重要になってきました。そこに注力することで、より生産性を上げることができ、また、無駄な

図表2-1　日本人のエンゲージメント レベル

2015～2016年にかけ、日本人のエンゲージメントは2%低下して37%にとどまった。

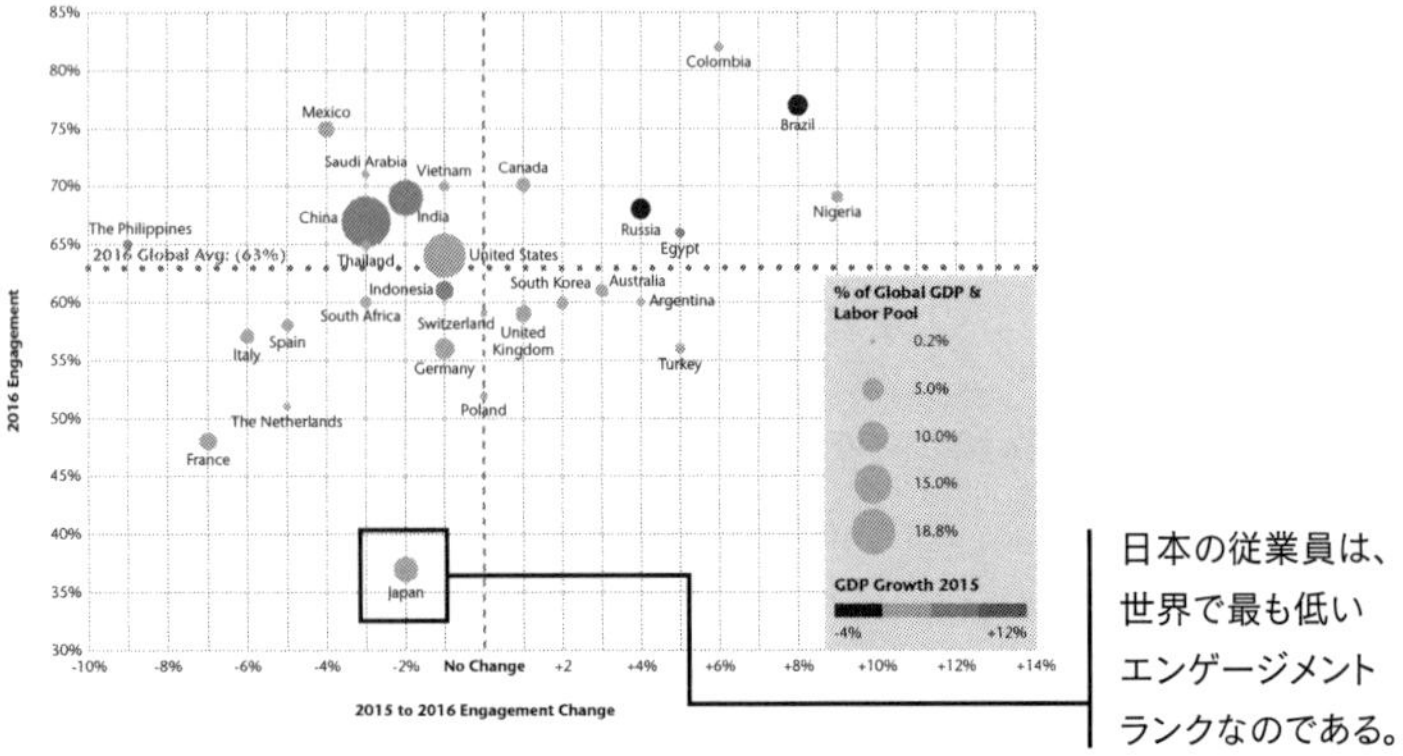

出典：AON 2017 Trends in Global Engagement Report

経費をかけていたことにも気づけるようになったのです。

リファラル採用もエンゲージメント次第

それともう一つ、なかなか優秀な従業員が採れなくなってきたということもあります。「リファラル（referral）採用というものです。ご存じでしょうか」

アンリ・ジャールが言うと、「すでにやってるよ」と有名企業の社長の声が聞こえました。

リファラルというのは「推薦する、紹介する」という意味ですが、従業員にいい人材を紹介してもらう方法です。日本でも次第に広まってきているようですね。

実はこのリファラル採用も、エンゲージメントと関係があります。リファラル採用で重要なのは、エンゲージメントが高い従業員から紹介してもらわなければならないという点です。

エンゲージメントが低い従業員は、あなたの会社のことをあまり好きではないかもしれません。いつか辞めてしまう危険性がありますね。そういう従業員が紹介してくれる人材が残れるはずがありません。

エンゲージメントの高い従業員は、あなたの会社に好感を持ち、一緒に成果を上げていこうと考えている可能性が高いでしょう。そうした従業員が紹介してくれる人材も同じようにエンゲージメントが高くなれば、エンゲージメントの高い従業員の割合も高くなり、結果として成果が上がるようになるのです。

エンゲージメントの高い従業員は、会社のためを思って積極的にいい人材を探し、一緒に会社をもり立てていってくれるはずです。

人材紹介会社にかかる費用を考えてみてください。年収の30パーセントくらい要求してきます。それに比べれば、リファラル採用の見返りとして、30万円とか50万円の報奨金を出す会社が増えています。

そしてもっと重要なことは、実は情報の公開なのです。オープンブックであり、個人情報の公開なのです。

まず、情報公開の中の会社の基本情報の公開について話します。次のような項目があります。

・財務情報の公開
・会社の生い立ちや歴史
・社長や幹部の考え方
・コアバリュー（基本となる会社の価値観）
・個人情報

主だった五つを記しましたが、「財務情報の公開」についてお話しします。つまり、ある程度の会社の財務数字を公開することが大切なのですが、エンゲージメントやチームワークの悪い会社では、情報公開すると、雲散霧消してしまうことがあります。

「うちの会社、こんなにひどいの？」

と言って、転職したり。

特に、お金で人を集めるような会社は、会社の危機に誰もその危機を助けようとしません。もし、野球の試合をしていて、自分たちが何点取ってるかもわからず、とにかく頑張れ！と言うだけでは試合のやりようがないのと同じで、みんながたどり着くゴール、方針戦略はある程度わかるようにしなければなりません。

お金やモノでは、人は動かない

日本は豊かになったから、つまりハングリー精神がなくなったからだ。あるいは日本人は意外と謙虚にポイントをつけるから、世界でもエンゲージメントが低いんだという話もありますが、それは間違いです。

なぜなら、エンゲージメントの高い会社も日本中にたくさん存在しているのも事実だからです。結論は簡単です。エンゲージメントの高い会社は、高くなるための努力を惜しまないでやっているし、その手順がよくわかっているということになります。

個人と会社二つの側面から検証していかないといけないので、やや複雑ですが一つひとつほぐしていきましょう。


私の友人がアメリカのラスベガスで、不動産のエージェントをしています。その彼に連れられて、新築のおうちを見に行きました。あと少しで完成という建物でした。

実に興味深いお宅でした。外から見た時に、まず建物の大きさに驚きましたが、周りにも大きな建物が並んでいるので、同じような感動と驚きです。

玄関を入ると、正面の天井が船底みたいに丸く横に長く下がっていて、そこに板が横に曲線で打ちつけられた感じだったので、船底をイメージしているのだと気づきました。至る所が船や、海、海底、ブルーなどで統一され、建築主のこだわりが感じられました。

「みなさんどうですか？　建築主と趣味がピッタリ合えば買いですけど、なんか変だと思いませんか？」

アンリ・ジャールが言うと、建築関連の会社の社長が、オーダーメイドで建てるならわかるけど、どうもおかしいよね。そんな作り方はしない。

満足した従業員が、

新しい仲間を連れてくる。

「ちなみにいくらなの？」

5人の女性社長の1人が尋ねました。

「36億円で売りに出していました」

アンリ・ジャールがそう言うと、1棟売りの事業用マンションが買えると、ため息が出たようです。

「なんか変ですよね。自分好みにした家を売るなんて、どうしてだかわかります？」

そう、賢明なみなさんはお気づきの通り、実は一緒に住むはずだったフィアンセと破談したからです。

36億円の豪邸があっても、愛する人と一緒に住めなくなったために、その豪邸は全く価値のないものになってしまったのです。建築主は、何も豪邸に住みたいわけではありません。2人で新しい生活を始める未来のために、巨額のお金をかけて新居を用意したのです。

いいですか、みなさん。人の心はお金だけでは動きません。

会社も同じです。従業員の心をお金や待遇だけで得ようとしても無理なのです。

エンゲージメントとは、会社と従業員が共に成長できる関係のことです。エンゲージメントって言葉、結婚と考えてもかまいません。

ハワイの新婚旅行が目的で結婚したなら、ハワイから帰国して成田離婚もアリですね。

従業員のエンゲージメントの向上が、優秀な人材を引き留める原動力となり、従業員の成長意欲の源泉となります。エンゲージメントの高い従業員は、生産的で会社が掲げる目標とその従業員の目標がほぼ一致し、勤続年数が長いという特徴があります。そうした従業員は、会社としてどういう判断をするのか、その基準を明確に理解し、それを行動に移しています。

お金のために一生懸命働くが「賞賛」のためにもっと一生懸命働く

「ピザを手にする話を次にします。とても興味深い話です」

エンゲージメントを高めるために、今風なオフィスにしたり、従業員同士の飲み会をやったり、ブランコを置いたり、ピザを無料で提供したり、卓球台を置いてゲームセンターみたいにしたりと、あの手この手を考える前に、この物語の〝ピザ〟の意味をよく考えてみましょう。

デューク大学の心理学教授のダン・アリエリーは、ある調査を実施しました。

週の初めにイスラエルの半導体工場の労働者3人ずつに、組み立ての仕事に対する具体的な報酬を次のように決めました。

1グループには、「よくやった！」と、週末にボスからのメールメッセージ。

2グループには、約30ドルのボーナスの約束。
3グループには、無料ピザのバウチャーをプレゼント。

3グループは、簡単に「よくやった」「30ドル」「無料のピザ」と分けられますが、どれが一番生産性が上がったかというと、1位が「よくやった」、2位が「無料のピザ」、3位が「30ドル」でした。

このことからわかるように、みんなと一緒に食べる「ピザ」、そしてボスや上司からの感謝や労いが一番大事であるということを忘れてはならないと思いますし、動機の源泉がなんであるのかの理解が必要です。

つまり人々は、具体的な報酬やお金よりも「賞賛」と「感謝」を愛することを意味します。そのことを忘れて、形にとらわれてはいけないということです。

すでに終身雇用や年功序列のシステムはありません。納得感が低くても仕事が続けられるという会社はもうありません。

みなさん、会社に入った時点でやる気のない人などいるでしょうか。なんとか頑張って会社に貢献し、自分も幸せになりたいと思っているはずです。

そうした気持ちを抑え込んでしまってはいけません。部下にいい仕事をさせ、よい成果を生むということは、みなさんの仕事です。

エンゲージメントには「WIIFM」が重要

「〝WIIFM〟ってなんですか？」

生徒の半分以上が英語をしゃべれるとあって、答えがあちこちから聞こえます。

「What's in it for me?」の頭文字を並べた言葉で、日本語に訳すと「それは私にとってどんな意味や利点があるの？」という意味になります。

この言葉は、よくプレゼンテーションの冒頭に伝えるべきことというふうに紹介されています。プレゼンテーションの場合は、聴衆がこの話を聞くうえでどんなメリットがあるか、まず最初に知らせるべきであることから冒頭にWIIFMを入れたほうがいいとされています。

そう、エンゲージメントでもこのWIIFMはとても重要なのです。

これをエンゲージメントに当てはめると、まず最初に会社ではなく、自分のこととして説明を始めるということになるでしょうか。従業員は一方的に会社の目標を与えられるだけの存在ではありません。自分自身のこととして従業員が自ら考えるようにしなさいということです。

みなさん、まず最初に従業員がそれをやることにどんな意味があるのか、どんな利点が生まれてくるのかを説明しましょう。

みなさんは仕事をするエネルギーをお持ちでしょうか。この授業を受けている生徒さんは経営者の方が多いので、もちろん持っているでしょう。

人間は誰しもが生まれながらに、善意のエネルギーを持っています。ところが、成長する間のどこかで自分で自分の限界を決めてしまい、自分はこれくらいでいいという線を引いてしまうことが多いのです。

せっかく善意のエネルギーを持って生まれてきたのに、なんともったいないことでしょう。

こうした人は会社で仕事をしていても朝はギリギリになって出社しますし、仕事中も終業時間が気になって仕方ありません。月曜日は憂鬱な顔をして出社し、土日を楽しみにして淡々と仕事を続けているのです。

しかしみなさん、よく考えてみてください。親の遺産で食べているような人を除き、人間は仕事をしてお金を稼がなければ生きていけません。どうせ仕事をしなければならないとしたら、楽しくやったほうがいいのは決まっています。

人間は、自分が楽しいと思うことには夢中になります。お父さんは好きなゴルフの日の朝なら早起きします。子どももテレビで好きなアニメが始まると、いつもは寝坊するのに休みの朝でも早起きしますね。

どうせ仕事をしなければならないのですから、ゴルフやアニメにワクワクドキドキするような気持ちで仕事をしたほうがいいのです。

そうすれば、従業員に創造性が生まれてきます。仕事が楽しくなって、少しでも早く出社して業務を改善するためのアイデアをひねり出そうとするかもしれません。

エンゲージメントというのは、従業員がそんなふうに仕事が楽しくて仕方ない、というようにすることです。

そのためには、みなさんのような経営者と従業員、あるいは上司と部下、従業員同士がお互いに強く結ばれる必要があります。それがエンゲージメントなのです。

やる気になったのはどんな時？

「従業員は、どんな時にやる気が起きるのでしょうか？　あるいはみなさんの体験でもかまいません」

指名されて、2人の生徒が、前に出てホワイトボードの前に立った。イケメンのIT起業家と女性経営者の1人。

「では、みなさんの体験でもなんでもいいです、やる気になった時について、どんどん発表してください。お2人は、ボードに書いて、同じような内容が出たら、横に『正』の字を書いて、数を記入してください」


「俺は仕事をやり終えた時だね」

「私はお客さんにありがとうって言われた時」

「そうだな、権限を与えられた時はうれしかった」

「上司にご苦労さんって言われた時は、とってもうれしかったよ」

ホワイトボードを半分に分けて、2人が書き取っていきます。

「そうですね、後はお客さんに褒められたとか、売り上げの目標を達成したとか」

「自分がこんなことやりたいんだよって言ったら、取り上げてもらえた時」

「お前しかいないとか言って仕事をまかされた時かな」

「自分の存在価値を認められた時」

「君しかいないと言われた時です」

「計画通りにいった時かな」

「興味ある仕事をまかされた時とかやる気になった」

「給料が上がった時だろう」

「会社の売り上げが、上がった時」

「俺は、マザーズ上場だな」

ＩＴ系の若手社長が、そう言うと、アンリ・ジャールはそこで、いったん話をさえぎりました。

「はい、みなさん、よくこの内容を見てください。実は、同じ調査を、アメリカ、カナダ、オーストラリア、韓国、日本などで行った時に、みなさんがここに書いたのと同じような結果が出ました」

つまり、従業員はみんな認められたいのです。辞めた人たちの多くはこう言っています。

・自分は評価されなかった。
・自分の意見は取り入れてもらえなかった。
・上司は、私に興味がなかった。

などです。少しわかってきましたよね。エンゲージメントの源泉が。

「愛の反対は、なんですか？」

アンリ・ジャールがそう言うと、

「憎しみですか？」

おそるおそる、女性社長が答えます。

「そう、それも間違いないですが、もっとわかりやすく言うと、愛の反対は、〝無視〟なんです。無視されることほど、人間に堪《こた》えるものはないのです」

みんなはうなずきながら、メモを取り始めました。

「この質問に、どの国でも同じような回答が出ましたが、給与のことは1番ではなかったということです。確か4番目か5番目でした」

もう一度、考えてみましょう。みなさんは今、従業員に同じことを言ってあげていますか？あるいは、あなたの会社の幹部は？

励まされ、やる気になった従業員は、組織と従業員自身の両方に利益をもたらします。仕事にも生活にも強い目的意識を持って取り組み、会社の仕組みや業務の進め方を改善する原動力になるのです。

従業員に意思決定の権限を与え、従業員が持っているパワーを解き放ち、そのパワーを会社の課題や成果を達成するために発揮させなければなりません。

エンゲージメントの核心には、会社のことを自分自身のことと引きつけて意識する感覚が必要です。この会社は自分の会社だ、今の仕事は自分の仕事だ、というようにすべてを自分のこととして主体的に向き合うようにならなければなりません。

ほとんどの会社では、従業員を励まし、正しい行動を促すのではなく、間違いを見つけ出し

従業員が何を考えているか
彼らが言葉にする前に尋ねなさい。
それがあなたと従業員の間の
絆を築く方法なのだ。

て叱ることばかりに意識が向いています。従業員の時はみなさんが口々に言っていたようなことでやる気をもらっていたのに、社長や上司になったらなぜ同じことを言ったりしたりしないのでしょうか。

社長や上司の意識を変えることも重要です。従業員を褒めてください。「まだ早い」とか、「図に乗るな」、というのは禁句です。

みなさんは従業員に対し、ベストを尽くすべきです。ベストを尽くすことを怖がってはいけません。従業員には、もともと備わった知識や経験があります。会社や上司の役割は、そのパワーを解き放ち、目標達成のためにそのパワーを発揮させることなのです。

ここでいったん休憩を入れます、と言って、アンリ・ジャールは教室を出ました。

電話ボックスに人を押し込めろ

「みなさん、〝電話ボックス詰め込み理論〟をご存じですか？」

聞いたことのある人？　と言いながらアンリ・ジャールは右手を挙げるように促しました。

ほとんどの人は、聞いたことがなさそうです。

「さて、みなさんは電話ボックスというものをご存じですよね？」

アンリ・ジャールが生徒たちに再度質問しました。みんなはさすがに知ってるよ、というようにうなずきます。

「あの、電話ボックスに一体何人の人が入れると思いますか？」

私は、チームワークやエンゲージメントの話をする時は、〝電話ボックス詰め込み理論〟について話すことにしています。

「5人くらいでいっぱいじゃない？」

「いや、もっと入れるよ、8人かな」

アンリ・ジャールは続けます。

「実は、最高25人の人が入れたという記録が残っています。最初に記録を打ち立てたのは、1950年カリフォルニア州モラガのセントメアリーズ・カレッジでの記録です。ライフ誌にもこの時の写真が掲載され、1950年を象徴する写真として残っていますが、〝電話ボックス詰め込み競争〟とググれば、当時の写真が出てきます」

と言って、アンリ・ジャールはその写真を前に映し出しました。

多くの人たちが電話ボックスに詰め込まれている滑稽なさまを見て、教室中が笑いに包まれます。

ここからが重要な話です。

日本のテレビ番組で、この実験を実際にやってみたことがあるそうです。その時は、10人の男女を無作為に選んで入ってもらったといいます。無作為に選ばれた参加者なので、お互いに見知らぬ者同士です。

リハーサルをやってみたところ、10人全員を入れることに成功しました。

しかし、本番では失敗してしまい、電話ボックスのドアを完全に閉めることができなくなってしまったそうです。

「なぜでしょうか？」

アンリ・ジャールは、ここが大切だとばかりに声を落としました。

それは人と人の距離感が影響しているということです。心理学の専門家が分析したところ、リハーサルと本番の間に見知らぬ者同士だった参加者が打ち解けてしまい、お互いに見知った関係になってしまったからだそうです。

たぶん、楽屋などでコーヒーを飲みながら待っている間に、自己紹介したり会話したりしたのでしょう。

見知らぬ相手なら頭を踏んづけようが、身体を押しつけようがかまいません。どんどん密着しながら抵抗なく電話ボックスに押し込めることができます。

みなさんも満員電車で経験があるはずです。

しかし、お互いに顔見知りの関係になると、遠慮があったり恥ずかしさがあったりして、リハーサルの時ほど身体を密着できず、隙間が生じてしまってドアを閉めることができなくなったというわけです。

昔の日本の会社では、お茶の時間があり、女子従業員が午後3時にお茶とお茶菓子を配り、休息をし、なんでもない日常会話をするというのがありました。

私は高校生の頃、日本の友人のミカン農園のお手伝いに行ったことがありましたが、3時のお茶休憩が一番好きでした。

そこでおばさんたちに、「将来は何になりたいの?」「フランスには戻らないの?」あるいは、「彼女はいないの?」とからかわれたものです。

こうしたことを導入すればいいのです。

みんなで集まって、お茶を飲むというより、会議の前のちょっとした時間で、最近の「よかったこと」や「新しい発見」を披露すればよいのです。ある会社では夕方4時にお互いをパソコンでつないで、今日のよかったことなどを交換するというのもあります。これが潤滑油になるということです。

「いいですか、みなさん」

エンゲージメントで重要なのは、最初に相手を思いやる気持ちが重要なのです。そうお互いに。

「そのためには、ある程度の個人情報を公開する必要もあるのです」

個人情報の公開は、共通項を探すツールになります。もちろん強制ではなく、自発的に書けるツールを用意するのです。

退職とは会社から去ることではなく上司から去ることである

アメリカの調査会社、ギャラップ社が2016年に発表した調査によれば、会社を退職した人のうち、50パーセント以上の人は上司から離れたいために会社を辞めていったそうです。また、アメリカのある調査によれば、リーダーを尊敬しているかどうかでチームのエンゲージメントは最大12倍もの差が生じることがわかっています。

実は、上司と部下の関係は何十年も解決していないのです。

20年以上前のアメリカのある大学での調査資料がここにあります。きっと今も変わらず、みなさんにも当てはまる事柄が多いと思います。これはキャリアのある400人を対象に調査をしました。

結論から言うと上司に対する信頼性が、とても少ないという結果が出ました。

たとえば、ある技術を有していて採用された人たちが、「こんなことをやってもしょうがないじゃないか」と感じて仕事をしていました。つまり、今やっていることを着実にこなすことが大切で、新しいことを創造していくことは重視しない考え方が、その職場にはすでに存在していたからです。

この人たちの95パーセントが言っていることは、

「ボスがより効果的なリーダーシップを発揮すれば、彼ら自身もよりよい効果的な仕事ができた」だろうと言っています。

3分の2の人が言っていることは、

「上司は自分たちのアイデアを使うことは半分以下である」と言っています。

3分の1の人は、

「上司に対して不満を持っている」

そして、自分たちの上司の10人の2人以下しか尊敬に値する人はいないと答えています。

「みなさんのご経験はいかがですか？」

アンリ・ジャールは、顔を上げるとウインクして、次のように続けました。

「ご自分は、このパーセント以上に尊敬できると思いますか？　それともそれ以下ですか？　ご自分は、どちらに入りますか。15パーセントに入りますか？　85パーセントに入りますか？」

そう言うとアンリ・ジャールは、「リーダーシップの自己診断」という紙を配り始めました。

エンゲージメントにはビジョンが大切

ものごとを達成していくには、目指す目標、つまりゴールが必要です。ゴールはリーダーだけのものでは意味がありません。そして会社全体、組織全体、チーム全体で共有できるビジョンが必要なのです。

まず、リーダーがそのビジョンに共感し、部下に伝えていきます。共有できるビジョンを伝えることもまたリーダーたる者の役割です。

ビジョンの重要性を物語るエピソードがあるのでご紹介しましょう。

アメリカでマイクロソフトをはじめ、デル、アマゾン、スターバックスなどベンチャー企業が次々と台頭したのを受け、ＩＢＭやシアーズ・ローバックなどの伝統的な会社が自分たちのリーダーシップのあり方を見直したことがありました。

そして、自分たちのリーダーシップは間違っていたという結論に達しました。その内容は以下のようなものです。

台頭するベンチャー企業と戦い、伝統的な会社が復活するためには、社長や経営幹部だけが

リーダーシップの自己診断

下記10の質問にお答えください。

1	従業員に対して従業員自身の考えを話せる機会を十分に作っていると思う	はい	いいえ
2	よい提案が出された時、即座に「取り入れよう」と素直な気持ちになれる	はい	いいえ
3	これまで従業員がうなずける提案をしてきた時、ただちにその提案を実行するよう指示を出したことがある	はい	いいえ
4	現場の従業員やアルバイトの出す提案は、自分のポストが考え出す提案よりも優れていると思う	はい	いいえ
5	日常的に従業員と「ギブ＆テイク」式の会話をするよう心がけている ※「ギブ＆テイク」式の会話：部下に意見を求める会話 〈例〉：「○○しようと思っているけど、君はどう思う？」	はい	いいえ
6	現場の従業員や顧客は自分と同じ程度に、その事業についての知識があると本当に思っている	はい	いいえ
7	取り組んでいるビジネスの将来の方向性について従業員から学ぶことがあると思う	はい	いいえ
8	どんな問題でもよいが、過去に従業員の考えを全社的に調査したことがある	はい	いいえ
9	従業員の大多数が今の会社で働けて幸せだと感じていると思う	はい	いいえ
10	従業員の圧倒的多数が経営陣に信頼を寄せていると思う	はい	いいえ

「はい」が10：もう十分に「リーダーシップ」を備えられています。

「はい」が8つ以上：的確な「リーダーシップ」行動を取ることが多いようです。さらにレベルアップを目指し、研修に参加しましょう！

「はい」が7つ以下：もう一度「リーダーシップ」とは何か、じっくり考えてみませんか？

メンバーの圧倒的多数が、

経営陣に信頼を寄せているか。

一生懸命頑張ってもだめだ。中堅から末端までそこで働く一人ひとりが、なんのためにこの会社はあるのかというミッションを理解し、そのミッションを遂行するために何をするべきかというビジョンを共有する。

そのような経営者的な視点を従業員全員が持たなければ、競争には勝てない。

従業員がただ自分の仕事だけこなしているようではだめだ、と。

つまり、従業員が会社のビジョンを達成するために、会社の企業文化を育てていかなければならないことに気づいたのです。その実現に必要なのが、共有された価値観や心に響くビジョンの再構築であると気づいたのです。

ビジョンの実現のためにリーダーシップが発揮されてこそ、初めて利益を出し、企業が復活できるというわけです。

ところで、みなさんの会社は50年後に生き残っているでしょうか。どのような会社が生き残っていけると思いますか?

それは社会のニーズを先読みした会社、そして社会貢献をしている会社です。

社会のニーズを先読みするためには、会社の将来を展望する、つまりビジョンが必要になってきます。商品開発でも社会のニーズがどうなるか、将来の展望がなければ結局は売れない商品ができてしまいます。

ビジョンとして、社会のニーズを先読みできない会社は生き残っていけません。

では、会社にとっての社会貢献とはなんでしょうか。ビジョンを達成していくこと、これこそが会社が行う社会貢献になります。なぜなら、社会のニーズを先読みできないビジョンの会社は生き残っていけないからです。

逆にいえば、社会貢献のできる会社こそ生き残っていくことができるといえるでしょう。ちなみに、豊かな国家とは、社会貢献している会社が多い国家です。そうした会社が多ければ多いほど、国家の資産は潤沢になっていきます。


「さて、エンゲージメントというのは、会社や組織が成功するために従業員同士が積極的に、自らの力を発揮しようとする状態が継続していることですよね」

アンリ・ジャールは、休憩が終わって教室に戻るとそう言ってみんなを見ました。

エンゲージメントを高めることでのみ、組織のミッションやビジョン、バリューが達成されるといっても過言ではありません。

では、こうした状態を作るにはどうすればいいのでしょうか。

答えからお話しします。

エンゲージメントを高めるためには、三つの要素が必要なのです。

一つ目は、理解度（Rational）です。

会社の進むべき方向性、つまりビジョンを具体的に理解し、ビジョンを一緒に達成しようとする姿勢を持っていることです。

二つ目は、共感度（Emotional）です。

会社や同僚に対し、仲間意識を持ちお互いが協力し合い、みんなへの愛着や誇りを持つことです。

三つ目は、行動意欲（Motivational）です。

動機づけの源泉が、みんなと共に達成できることにフォーカスされていて、行動を起こそうとする意欲に満ちていることです。

会社の成功のために求められる以上のことを進んでやろうという意欲があること、この3要素が重要です。

アメリカ企業でのエンゲージメントサーベイの進化

「みなさんは、ご自分の職場を親しい友人や家族に、どの程度お勧めしたいと思いますか!?」

従業員同士のコミュニケーションを高める工夫をしろ。

それが最良のエンゲージメントだ。

アンリ・ジャールが、0から10までの推薦度がわかるように、スライドを映しました。

「そりゃあ、当然10の、絶対にお勧めするだな」

ＩＴ系の一番若い社長が言うと、みんなはつられて手を挙げ、結局ほぼ全員が手を挙げました。

「では、みなさんの会社の従業員は、どうでしょう？」

なかなか怖くてできないという人もいますが、この従業員の会社へのロイヤルティーを可視化する指標であるeNPS℠は、とてもシンプルなので活用してみるのもいいでしょう。

こういうのをエンゲージメントサーベイと言います。

従業員が、どの程度会社に思い入れがあるのか、そのエンゲージメント度合いを測ることができますが、なかなか躊躇する人が多いと思います。

ジョシュ・バーシン氏は、講演の中でエンゲージメント１・０〜３・０に分けて次のように説明しました。

○エンゲージメント1・0

人事部門でエンゲージメントを分析して、マネージャーのところへ持って行って、「どこどこが低い」と伝えても、解決しなかった。

どこに問題があるのかがわかることは会社としてよいことだったが、次のアクションが取れなかった。

○エンゲージメント2・0

その後、パルスサーベイというものを考え出した。パルスサーベイとは、従業員のエンゲージメント度を測るために行われるもので、「パルス」つまり「鼓動」のように頻繁に行うものである。口コミサイトのような会社のレヴューを、会社の中でやってはどうかという考え方。

○エンゲージメント3・0

ここになるとパルスサーベイをもっと進化させ、ナレッジ、提案、推奨事項なども取り入れていく。その他行動的なデータも取っていく。実際アメリカでは、アンケートビジネスというよりもデータビジネスに変わりつつあり、ここにたくさんのお金が集まってきている。

みなさんがこれをみてわかるように、日本はエンゲージメント1・0にも到達していない状態です。エンゲージメント1・0の時代は、多くのクライアント企業は、そのデータ結果を怖がっていた。どのような結果が出るか不安で仕方なく、人事部も戦々恐々としていました。

今回このセミナーに参加した企業のみなさんは、ぜひ、「従業員のエンゲージメント調査」から「パルスサーベイ」までが、一連になったものをやったほうがいいのです。

たとえば、毎週金曜日にアンケート調査を行い、翌月曜日にマネージャーが受け取るなどやり続けることが重要です。

このような方向性をEmployee Voiceと呼んでいます。常に従業員の声を聞くことが大切なのです。

そして、そのフィードバックに対して常に何かしなければなりません。よくある例としては、従業員の声を常日頃から聞いておけばトラブルを避けることができた、というのはよくあることです。

「みなさん、これで本日の講義は終わりです。エンゲージメントは指示命令して高まるものではありません。みなさん経営陣との信頼の深さが、エンゲージメントのバロメーターだと理解してください」

アンリ・ジャールはにっこり微笑みながら、みんなを見回した。生徒たちはその微笑みに応えた。

「次回は、次に大切なオンボーディングについて話していきます」

CHAPTER 2

Summary

- エンゲージメントとは、従業員が自ら意欲的に仕事に取り組み、仲間や会社に深い思い入れを持つことである。

- エンゲージメントの高い従業員は、会社を愛し、成果を上げてくれる。

- 人は「お金」よりも「賞賛」や「感謝」が一生懸命働くエネルギーになる。

- リーダーはチーム全体で共有できるビジョンを伝える必要がある。

- 従業員のエンゲージメントを高めるには、理解度、共感度、行動意欲の3要素が必要である。

CHAPTER
3

成功するオンボーディング

──新しい従業員をオンボーディングさせるには
仕組みが大切──

maxim

「自分が何を知っているのかを知り
自分が何を知らないのかを知っていない
ということを知ること
それこそが真の知識です」

---- コペルニクス ----

入社は結婚と同じ

汝は、この者を生涯の仲間とし、
よき時も悪き時も、
富める時も貧しき時も、
病める時も健やかなる時も、
この者と、共に歩み、
2人で力を合わせ、多くの仲間と共に、
末永く、力を合わせることを、
神聖なる神の御前にて、
誓いますか?

アンリ・ジャールは、みんなを立たせると神父さんの格好でおごそかに言いました。
みんなは等しく、頭を垂れている。小さな音で、賛美歌も流れてきます。

「いいですかみなさん、新しい従業員が入社するとは、結婚と同じなのです」

顔を上げてみんなを見ると、座るように手で合図をしました。

「今年1年で何人の人があなたの会社と結婚しました？」

彼は、わざとらしくたどたどしい外国人のアクセントで言います。

「あなたの会社から、何人の人が去っていきましたか？　その人たちとあなたは、どんな言葉を交わしましたか？　みなさんに、前回お話ししましたよね。誰も不幸になりたくて入社したんじゃないんだって……」

生徒たちは困ったような顔をしました。

「新しい従業員が入る。当たり前の通過儀礼の程度に扱っていませんか？」

この言葉にみんなが、考え込みます。

誰も不幸になりたくて入社したんじゃない……。

その言葉が、心の芯に残ります。

「さあ、みなさん」

彼は、両掌をポンと叩くと、夢から覚めるようにと、絶妙なタイミングで大きな声を出しました。

「一番最近入社した人の名前を書いてください。その人の顔を思い出してみましょう」

アンリ・ジャールはそう促す。みんなの机の上には画用紙とクレヨンがあります。

「さあ、その画用紙を横にして真ん中に線を縦に引き、左半分にその人の名前と顔を描いてみてください」

最初は戸惑っていた生徒たちもおずおずと画用紙に向かい、クレヨンを手にします。

「入社人数の多い会社の場合は、そのうちの1人だけ思い出してください」

絵なんて描くのは何年ぶりだろう、という声が聞こえてきます。有名企業の社長です。

俺なんか中学生以来だ、などと陽気な声を出す人もいる。若いIT起業家でした。

入社の時の明るい顔を思い出しながら、生徒たちは笑顔のイラストを描き始めました。中には、タブレットの中に納まっている従業員の顔を見ながら描いている人もいます。

ひと通り、描き終わった頃、アンリ・ジャールは次にこう言いました。

「では、最近、そう、1年以内に辞めた人の顔を思い出してみてください。画用紙の右半分に、その人の名前と顔を描いてみてください」

しばらくみんなが悪戦苦闘しながら、辞めた人の顔を描いているのを、アンリ・ジャールは黙って見ていた。そして少し時間がたった時に、アンリ・ジャールは小さくこうつぶやきました。

「入社の時は〝幸せな顔〟。退社の時は〝不幸せな顔〟。誰もが、最初から辞めようと思って入社する人は1人もいません」

下の名前まで覚えて呼ぶだけで、
あなたとの距離は縮まる。

アンリ・ジャールの声が聞こえたのか、生徒の1人が頓狂な声を出した。ベンチャー旗手として名を馳せている社長です。

「やばい、退社した1人の顔を思い出そうとしても思い出せない……」

素晴らしい初日によって、会社と従業員は結ばれる

「さて、みなさんは、なぜ私が神父さんの格好をしてきたのか、わかりますね」

「結婚ですよね」

銀座のママが、当然ですよ、という声音で答えました。

そう、カトリックの神父さんは結婚式の時、新郎と新婦が神さまと約束する誓いの言葉を仲立ちしますが、会社と従業員を強く結びつける入社も、ちょうど神父さんのような存在も必要なのです。この神父さんのような働きに対して、今、オンボーディングという言葉が使われています。

オンボーディングというのは、新しい仲間に加わったメンバーが、社内で良好な人間関係を構築し、チームの一員として、仕事でのパフォーマンスを上げ、「順応」「育成」「定着」を行うための一連のサポートプロセスのことをいいます。

このオンボーディングは、これからの企業にとってとても大切です。

なぜ、オンボーディングがそれほど大切なのか、これから説明していきましょう。

「みなさんは、就職したことはありますか？　その経験があれば、入社した初日のことを思い出してください」

新しい職場、新しい環境、知らない人たち、知らないルールなど、とても緊張して迎えた日。

そんな大切な日に、つまずいてしまったらどうなるでしょう。

「たとえば、こんな会社があります。新入社員が入ると、先輩たちは新しいパソコンを買い、それまで自分たちが使っていた古い機種のパソコンを新入社員にお下がりにします。ずっと使われていた機種ですから、ＯＳも古いし、セキュリティーも心許なく性能だって遅いのです。古くて、ぼろい車を運転しているタクシーの運転手に新人が多いことはご存じですか？　それと同じことです」

新人は、いつも先輩のお下がり。理屈としてはわかります。

自宅で使っているパソコンのほうがよっぽど性能がいい。

「そんな古いパソコンをもらって、やる気が出ると思いますか。どうも自分は歓迎されていないようだ、なんて思われても仕方ありません」

うちの会社も同じだ、と誰かが言い、仕方ないよな、新人なんだから……と誰かがつぶやきます。

「そうじゃないんです。新人だからこそ大切にしなければなりません。昔だったら、お前も新しいパソコンもらえるように頑張れ!! で済んだところ、今はそういうわけにはいきません。みなさんの頭を切り替える時なんです。今という時代は」

入社したのはいいけれど、朝一番でみんなの前で、「頑張ります」って言ってはみたものの、みんなは忙しそうで誰もかまってくれない。まるで放置プレー。ひと通り、人事部門の人が社内のツアーをしたら、もう暇になりました。

先輩らしき人が近づいてきて「ランチに一緒に行くので、それまでこれでも読んどいて」と言われて渡された会社案内。今さら、会社案内をもらっても仕方ない。だって会社のことはある程度わかって入ってきたのに……。愛想笑いの一つ返すだけで、1時間以上は暇な時間。お客さまみたいで居心地悪い。それこそSNSで友人に、「ここも無理かも……」と送ってしまう。もし、そうやってついてしまった第一印象を拭い去るのには、どうやっても1カ月以上はかかってしまいます。

第一印象というのはとても大事です。最初の印象が悪いと、ずっとそれを引きずってしまうことがあります。

新しくチームに加わった人を、絶対に孤独にさせてはいけません。

新しい環境に飛び込む時には、誰でも不安になるものです。自分は本当にこの会社で働いていけるのだろうか、仕事で成果を上げられるのだろうかと。そうした不安感を払拭してあげなければなりません。

「みなさん。アメリカの先住民の儀式。新しい仲間を加える時のすごい儀式をお話しします」

想像してください。

大きな太い幹の木の前に、長老以下30人の長《おさ》たちが1人の男を仲間に入れるべきかどうかを試そうとしています。みんなは胡座で、新しく加えようとしている仲間をじっと見ています。

中央には、焚火から煙が細く上っています。

長は、新人の男に矢を手渡しました。

石の固い矢尻は、尖っています。矢羽には、猛禽類の羽が使われています。2人の様子を、車座に囲んだ長たちが見ています。

この矢の矢羽を、太い幹に当て、石でできた鋭い矢尻を喉に当てさせます。

そして、全身の力でこの矢が折れるまで、押すように促します。

新しく加わる若い男は、全身に力を入れ、矢を押します。もちろん矢はしなり始めるけど、

誰もかまってくれない初日

もし新入社員に、私は歓迎されていないのかも、と思われたら…。

初日の感情は、とても大切です。先輩社員のみんなが忙しそうに動いている中、自分1人は、「会社案内」か「就業規則」を読まされ、机に1人ポツンと…その時の気持ちを考えたことがあるでしょうか?

「疎外感」以外の何物でもありません。その新入社員は友人にSNSで、「ここは無理かも……」とメッセージを送るかもしれません。入社初日の寂しい感情を拭うのに、そのあと何日もかかります。

誰からも歓迎される初日

先輩社員、上司が必ず在社している。
月曜日の入社は避ける(月曜日入社の従業員の退職率が高い)。
もし、上司不在なら、入社日を他の日にずらす。歓迎ランチは必須。

喉に刺さっている、矢尻は喉に食いついて離れません。血がにじんできました。

誰も止めません。じりっじりっと若い男は、自分の体重を矢にかけていきます。

頑丈な矢はしなるだけで、とても折れそうにありません。

それでも押しつけたままの状態で、体を矢に預けてなおも体重をかけます。

額には脂汗がにじんできます。誰も止めようとしません。

男は、これでもかと上体に力を入れた瞬間に、「待て!!」という、長老の声が響きました。

若い男は、その制止の声を聞いた途端、緊張のあまり膝からがくっと地面に崩れます。


これは「命」をかけて、自分たちと一緒に戦う気持ちがあるかを試した、儀式です。

「みなさんに聞いて欲しいのは、この新人の気持ちです。本気で仲間に入れるかを試している話だけではないのです。自分の命を賭しても仲間に入りたいと思わせる部族、つまり、みなさんでいえば会社かどうかということです」

「話を現実に戻しましょう」

アンリ・ジャールは、そう言うと笑顔をみんなに向けた。人懐っこい彼の性格が笑顔の端ににじんでいます。

ちょっと想像してみてください。新しい従業員だからこそ、最先端のパソコンを与えられ、すでに名刺ができていたり、社長以下、配属部署などから「入社、おめでとう」などと書かれた寄せ書きが、机の上に飾ってあったりしたらどうでしょう。

これは、アメリカの先進的な会社で普通に行われていることです。

あるいは、初日に会社へ行くと入社グッズという箱が新入社員の机に置いてあるケースも聞いたことがあります。

入社グッズの中には、ロゴ入りのコーヒーカップ、Tシャツ、メモノート、ロゴ入りペン、ポテトチップ、そして寄せ書きのメッセージなどが入っています。

日本でもこうしたことが行われ始め、今では歓迎のくす玉を割ったりする会社まであるそうですが、世代的にそういうノリが好きな新入社員が増えてきたこともあるのでしょう。いわゆるミレニアル世代からZ世代などと称されている人たちで、ちゃんと表現しなければ伝わらない世代ともいえます。

アンリ・ジャールは、続けてミレニアル世代からZ世代についての、スライドを映し始めました。

●サイレント（1928〜45年）
世界大恐慌、第二次世界大戦、電化製品の登場
●ベビーブーマー（1946〜64年）
冷戦、月面着陸、公民権運動、ベトナム戦争、女性解放運動
●ジェネレーションX（1965〜80年）
石油ショック、ウォーターゲート事件
●ミレニアル〈ジェネレーションY〉（1981〜96年）
チェルノブイリ原発事故、
ベルリンの壁崩壊（冷戦終結）、インターネットの登場
●ポストミレニアル〈ジェネレーションZ〉（1997年〜）
同時多発テロ事件、イラク戦争、エンロンショック、ソーシャルメディアの出現、
グレート・リセッション、アラブの春、WikiLeaksの開設、人工知能（AI）の進歩

この中でミレニアル世代の人が、これからの会社を背負っていきます。

この人たちを理解することが大切です。これらの人の、一番の特徴は、デジタルネイティブということです。つまり生まれた時から身近に、ＰＣやスマホなどのデジタル機器のある環境で育ちました。わからないことや聞きたいことは、誰かに聞くというより、「グーグルさん」のようなインターネットを頼りにして育ってきました。

自分の好みのつながりを何よりも大切にする人もいます。ＳＮＳを利用している人がほとんどだから、近くの仲間より遠くにいる友人の助言を大事にしたりします。

そして何より重要なことは、お金よりも地位よりも多くの人が大切にするのは、共感なのです。誰かの体験に共感しフォローする。自分の経験にフォローしてもらいたい。そして、自らも常に何かを発信したいと考えているのです。

「だから、フェイスブック、インスタ、ツイッターが流行るのです」

とアンリ・ジャールが言うと、

「時計をしない。物に執着しない。シェアする、っていう特徴もあるよね」

そう答えた若手のＩＴ起業家は、自らがミレニアル世代の真っただ中だと言わんばかりに、時計をしていない左手を挙げて見せました。

「何より大切なことは、彼らを信じることです。自らが成長したいし、貢献したい。そしてみんなに称賛されたいと思っていると……遠い仲間より、近い仲間を求めていると……」

その前提で、新入社員を迎えなさい、歓迎しなさいということです。

そのため、重役陣が出席するような会議に、初日に同席させてあげてもいいでしょう。もちろん、株価に影響するような重要な会議ではなく、定例会のようなもので十分です。そこで発言してもらったりすれば、自分が尊重されていると感じ、不安な気持ちはなくなるはずです。

「いいですか、みなさん」

新入社員が初日に会社に行った時、所属長や上司や同僚からのウェルカムはもちろんのこと、会社として何かウェルカムギフトのようなものを用意しなければなりません。もちろん、歓迎イベントと共に、歓迎のランチやディナーなども用意するべきでしょう。そう、会社を挙げて歓迎の意を示すべきなのです。時間の範囲で許されるなら社長も同席すべきです。

なぜなら、新入社員の中には、将来の会社に多大なる利益をもたらすリーダーがいるかもしれないし、将来の社長だって出てくるかもしれないからです。

その人が、この会社でずっと頑張っていきたいと思えるような、心に残る初日にしてあげましょう。その時、ベンチャー企業の旗手として名を馳せている社長が「そんなの無理だよ」と口を挟みます。

「えっ!?　社長も上司も忙しくて新入社員を歓迎するような時間はない!?」

って、アンリ・ジャールは、声の主に向かって、少し強い口調で言う。

「ならば、忙しくて時間がないような日を入社日にしなければいいのです」

顧客訪問の時間はなんとかやりくりするのに、新入社員の入社日に忙しくて時間が取れないというのは、あなたの会社に従業員を大切にする文化が足りない証拠です。

少子化と人員不足で採用はますます困難になっていきます。日本では1割以上の新卒社員が1年で辞めて、2年たつと2割強、3年で3割以上も辞めています。

大企業からの転職も増えていて、1年で300万人が転職するような時代なのです。

みなさんはよく理解できると思いますが、従業員が3年で3割も辞めることの損失は莫大です。1年で300万人が転職するとして、1人の従業員の採用広告コストを50万円としたら、日本全体ではほぼ1・5兆円の損失になります。

もちろん、私は転職してはいけないと言っているわけではありません。自分の人生を心地よくするために転職するのはむしろいいことです。

しかし、企業文化が合わないとか、オンボーディングがうまくできず、せっかく入った会社で力を発揮できないまま辞めていくというのは、あまりにももったいないと思います。

せっかく入社してくれた人が、いつまでも馴染めず、そのうち辞めてしまわないように、初日でしっかりと歓迎してあげてください。初日にどれだけ歓迎の意を伝えることができるかで、従業員の定着率も変わってくるのです。

オンボーディングとオリエンテーション

「さて、オンボーディングとオリエンテーションの違いについて、お話しします。オンボーディングは包括的な範囲で会社と従業員個人がWin-Winの関係になっているのかを確認するプロセスであり、オリエンテーションは仕事をするうえでの基本的な情報や使用ツール、必要なスキルについて、会社側が新入社員個人に教えるプロセスになります」

「ごめんなさい。難しい言い回しでよくわかりません」

1人の女性経営者が言った。

アンリ・ジャールは、前にスライドを映した。

オリエンテーションの期間では、会社側が次の三つのことをしっかりと新入社員に教える。

1　各種規定・制度、特に従業員として享受できるベネフィット
2　日々使う業務用ツール
3　会社のミッション・戦略・製品・サービス

「これがオリエンテーションです」

だいたい入社日から1週間、会社によっては数週間がオリエンテーションの期間になりますが、オンボーディングの一部としてオリエンテーションがあると理解すればいいのです。

この会社の従業員になったことで受けられるベネフィットについてしっかりと知ってもらう必要があります。

ところが実際は、本当にもったいないことですが、多くの会社には有給休暇、各種サポート、従業員割引などさまざまな従業員ベネフィットがあるにもかかわらず、従業員が知らずに使わずじまいという状況も多いのです。

そして、オリエンテーションでしっかりと伝えるべき重要事項が、日々の業務で使うことになるツールと業務プロセスの説明です。それは出張申請や経費精算のツールや業務プロセスかもしれません。さまざまなコミュニケーションのオンラインツールや、資料作成のテンプレートかもしれません。

こうしたツールや業務プロセスをしっかり教えてあげれば、新入社員でもすぐさま主体的に動いていろいろなことを自分でできるようになるはずです。そうすることで新入社員は、会社の一員としての自覚と自信を素早く手に入れることができるでしょう。これらがオリエンテーションです。しかし、本当に新入社員のエンゲージメントを上げようと思ったら、これだけでは足りません。本当に必要なことは、オンボーディングなのです。

オンボーディングとは何か

「みなさん、オリエンテーションについてわかりましたね。そうするとオンボーディングとは何かについても想像がつきますね」

アンリ・ジャールが教室を見回しました。

「オンボードという言葉は乗船する、飛行機に乗るという意味で使われます」

生徒たちの反応がどうも鈍いようです。

「よく機内アナウンスでウェルカム・オンボードなんて言いますよね」

と年長者の有名企業の社長が言う。

「それは会社という船に一緒に乗り込むというような意味？」

銀座のママが聞きました。

アンリ・ジャールは、笑顔でうなずきます。

「そうですね、船に乗るようなものですが、クルーズ船に乗客として乗り込むようなことをイメージしてもらっては困ります」

「さっきのアメリカ先住民の儀式ですね。お互いに覚悟がいる」

女性経営者の1人が答えると、そうですね、とアンリ・ジャールは言いました。そして、みなさんで考えましょうというように少し話を止めると、教室内をゆっくり歩き始めました。

多くの会社では新入社員に対し、一刻も早く会社の製品やサービスなどを覚えさせて、売り上げなどに貢献して欲しいと考えることから、その会社のミッションや戦略よりも、コアのサービス内容というものについて熱心に教えようとします。

それはそれで、とても大切なことです。でももっと大切なことがあります。

「みなさん、いいですか！　先ほども言いましたが、オンボーディングというのは、新入社員がいかにスムーズに会社の中で良好な人間関係を構築し、チームの一員としてパフォーマンスを上げられるようになるかという一連のプロセスのことをいうのです。つまりこれは、従業員を定着させ、育成していくプロセスになります」

そう、静かな湖の遊覧船に乗るのならオンボーディングも簡単です。

しかし、私が言うオンボーディングにおける新入社員は、船の乗客ではありません。一緒に船を操り、荒海に乗り出していくクルー、乗組員としてのオンボーディングになります。

嵐の中、危険を冒して航海するような大挑戦となると、乗組員のオンボーディングはとても重要で真剣なものになります。

彼らがしっかりオンボーディングするかしないかで、船も乗組員も生き残れるのか、難破するのか、運命が変わってくるからです。

お金で人を集めた会社は、大変になればみんな逃げ出すし、上場目的で人を集めた会社は、上場と同時に人はお金を手にしようと離れるものです。

「いいですかみなさん、勘違いしないで欲しいのは、オンボーディングは新入社員の退職を防止するための単なるテクニックではないということです」

また船にたとえてみましょう。

新人の乗組員をオンボーディングさせました。その人には機関室でエンジンの整備をする仕事をしてもらいます。

その人がいなければ、船は動きません。機関室でエンジンを整備しているんですから。機関室でエンジンの整備をすることは、その人の役割なのです。オンボーディングというのは、その人の役割をきちんと教えるということです。

どんな人であれ、会社に入った時は結果を残したいと思っています。

ところが、時間がたつうちにルーティンの作業に終わってしまうというケースは少なくありません。

「何をやるかよりも、なぜやるのかを教えなければなりません。もっと言うなら、誰とやるかを今の人たちは求めます」

ある会社の話です。電話の苦情を受ける仕事です。やはり、お客さんからの強い口調で、嫌になり、退職者が後を絶ちません。

どうしたら、うまく苦情をかわせるのか、問題を大きくしないで済むかといったマニュアルはあったけど、心のケアが行き届いていませんでした。

一番簡単な方法は、オープンにさせるということでした。自分だけじゃない、このような時はこうやって心を鎮めたという、仲間の事例が役に立ちました。共有するということです。

こうしたことで最悪の状態を避けるため、入社初日に、社長や上司、仲間がいて歓迎してくれている状況を作らなければならないのは、当たり前のことです。

「いいですか、みなさん。採っては辞めの繰り返しでは、就職斡旋会社のいいお客さんです。実は、こうしたことを専任とする部署も必要なのです」

新入社員や中途入社の人が、こうした環境なら自分の実力を発揮して結果を残すことができそうだ、みんなも応援してくれているというようにするべきです。

オンボーディングをしっかりやることが、結果としては退職防止になるかもしれません。しかし、退職防止を目的にしたオンボーディングでは、本末転倒になってしまいます。

さらに言えば、オンボーディングをすれば会社の生産性や利益が上がるというようにとらえている人がいますが、オンボーディングは結果ではなくプロセスが大事なのです。

もちろん、次第に自分の価値観と合わず、違和感から辞めてしまう人も中にはいるでしょう。

「誤解」して入社し、「理解」して会社を辞める

「カルチャーマッチングという言葉を聞いたことがありますか？」

それは企業文化や価値観と新しく入った人が合うかどうか、ということ。

これは新卒の場合と中途社員の場合は、少し違います。新卒の場合は、しっかりとマインドセットが行われたか、つまり会社をどういうふうにとらえているのかがとても大切になります。

有名大学を出たからといって採用しても、本人の意識が上昇志向でなければ、ベンチャー企業ではかえって足手まといになってしまいます。このようなミスマッチを防ぐために、いくつかの質問を用意しましょう。

・会社では、スピードと品質のどちらのほうがより求められているのか？
・個人のパフォーマンスとチームワークではどちらが多く期待されているのか？
・ヒエラルキー型で上司の言うことを忠実に聞くことが求められるのか？
・意見は、求められるのか？　入社年数にかかわらず意見が言えるのか？
・上司に対しても果敢に発言することが求められるのか？
・若くしてバリバリ出世を目指すことが奨励されているのか？
・それとも謙虚で安定を求めることが奨励されているのか？
・新規事業などに積極的に参加したいかどうか？

これらは基本的な仕事に対するスタンスです。

次は、雰囲気です。これは企業文化と思える部分です。

・服装や髪型は自由なほうがいいか？
・コーヒーやお茶は自由にいつでも飲めるのか？
・社内イベントは多いほうが好きかどうか？
・静かに仕事する環境がいいのか、ある程度雑談してもいいのか？

・社内イベントに参加し、他の部署との交流を図りたいかどうか？
・会社でプライベートの話を持ち込んでいいのかどうか？
・フレンドリーな環境が好きかどうか？

そして次が、意外と不満を残しやすい部分です。

・遅刻や早退などに対する、基本ルール
・途中抜けて、「歯医者に行きたい」はいいのかどうか？
・上司や先輩が仕事していても、帰っていいのかどうか？
・有給は取りやすいのかどうか？
・残業はできるのかしたくないのか？
・研修は多いほうがいいのかどうか？
・休日出勤とプライベート、どっちが優先されるかどうか？
・給与の仕組みと手当との関係

これらは意外としこりを残しているものです。

中途社員の人は入社前にこの手の質問をしてきません。したがって、これは前の会社でどうだったか？　自分はそれに対してどう思うのかを聞けばいいのです。

「わかりますか？　採用の担当者と応募者が、ここに上げたリストを見ながら雑談してもいいし、アンケートを事前に取ってもいいのです」

入社してくる人は、会社に対してさまざまな疑問を抱いています。みなさんはこうした疑問に一つひとつ、丁寧に答えなければなりません。

内定から入社までの間の最も大事な確認事項は、企業のカルチャーと個人の働き方に関する心情がマッチしているかどうかです。入社時は、仕事をしてみなければわからないことばかりでしょうが、事前のアンケートによって、少しは知ることができます。

中途社員の場合は、文化と共に制度などについても確認しなければなりません。

「そう、誤解して入社し、理解して会社を辞める。なんて笑えない状態を作らないようにしてください」

「仕事」と「家族」は、コインの裏表

「みなさんは、仕事と家族、どちらが大切ですか？」

それはもちろん家族ですよね。親兄弟が死にそうなのに会社に来ているような人を、みなさんは信用できますか？　仕事なんて手につかないはずです。

ワーク・ライフ・バランスなんて、簡単に「仕事」と「プライベート」の二つに分けることはできません。

若い従業員の中には、休みを充実させたい。仕事はほどほどでいい。なんて言う人もいますが、パートタイマーで、時間を切り売りにして作業だけする場合なら、それもいいでしょう。

重要なことは、「仕事」も「家族」も責任が伴うということです。

ただ、会社、すなわち仕事と家族はコインの裏表のようなもので絶対に切り離すことはできません。

今は、ワーク・ライフ・バランスではなくワーク・ライフ・インテグレーション。つまり、仕事と個人の生活双方の充実と統合であり、今ではワーク・ライフ・フィットなのです。

「したがって、ワーク・ライフ・バランスはナンセンス！」

アンリ・ジャールは、いっそう大きな声を出して、右手のこぶしを上げました。

会社がなければ家族を養っていくことはできませんし、支え合える家族がいなければ仕事をする意欲も生まれにくいでしょう。

こんな話がありました。

ある会社の社長と総務部門の女性従業員の話です。


年末になって、年賀状を取引先に出す仕事がありましたが、専任の女性がどうしても翌日休みたい、との申し入れがありました。

「もちろん、休むのはいいけど、年賀状はどうするの。明日にでも郵便局に持っていかないと年明けすぐにつかないよ？」

と社長が言うと、その女性従業員は子どもの話を始めました。

実は、小学校4年生の女の子が、学校で嫌なことがあったのか、珍しく「もう学校に行きたくない」と、昨夜言ったそうです。

今朝は何もなかったかのように、ケロッとしてたけど、気になって明日は一緒にいてあげたい、とのこと。

そこでその社長は、こう言いました。

「要は、その子と一緒にいてあげたいのなら、会社に子どもを連れてくればいいんじゃないの？」

結局、その総務の女性は会社に子どもを連れてきて、お母さんの隣の席で、宿題をやったり、総務のみなさんのお手伝い、コピー取りなどをやって1日を過ごしたそうです。

もちろんそのことで、この女の子はすっかり元気になったそうですが、後日、お母さんから「子どもがまた会社で、仕事したいと言われて困っているんです」と今度は、嬉しい相談を受けたそうです。

日本では、珍しいことかもしれませんが、アメリカではプライベートを会社に多く持ち込みます。机の回りに家族の写真を飾るのは当たり前ですが、「ネコが心配」と言って、会社にネコを連れてきた話も聞いたことがあります。

日本人は会社で家族の話をするのがあまり好きではないようですね。

冠婚葬祭、病気や事故、プライベートを会社に持ち込むな、甘ったれるな的な感覚がどこかにあるのでしょう。

先ほど会社と家族はコインの裏表と言いましたね。

切り離すことができないのだから、自分の家庭の事情、家族のことをどんどん会社で言えばいいと私は思います。

古い会社には変な習慣があって、有給休暇を取るときに「私用のため」と書きなさい、と指導する例もあります。

あなたの部下と、頻繁にコミュニケーションを
取りなさい。それが最良の部下育成である。

子どもが風邪を引いて熱があったら、上司にそう言うべきです。

従業員が1人、家族のために休んだとしても会社は潰れやしません。仕事より家族を大事にする日は絶対に必要なんです。

マインドセットの重要性

新卒社員の場合、会社に入る前にいろんな情報を吹き込まれています。親や親戚、先輩などから、「会社には個人の事情を持ち込むな」とか、「上司には絶対に逆らうな」「仕事とは辛く苦しいものだ」といったようなことです。

これは一種の逆カルチャーマッチングとでもいうべき状態で、新卒社員の多くが会社に入る前に、会社とはこういうものだというイメージを作り上げてしまっています。

オンボーディングでは、こうしたイメージを変えてマインドセットしなければなりません。

みなさんは1回目の授業で学んだ幸せと成功の話を覚えていますか？　会社が辛いと思っていれば続くものも続かなくなります。仕事は楽しいと思ってやったほうがずっといいのです。

スポーツの話をします。

昔のスポーツ選手は、優勝するためやメダルを取るために「一生懸命頑張ります」なんて言っていました。しかし、今では「楽しんできます」というように変わってきています。あれは自分をリラックスさせるための言葉なのです。

マインドセットで重要なのは、こうした思い込みのイメージを拭い去ることです。

そして、もう一つ、学生と社会人とは違うということをマインドセットで教えなければなりません。

学生の場合、インプットして決められた答えを用意できることで点数が上がります。しかし社会人は、人と違ったアウトプットが重要になってきます。

こうしたことを最初にちゃんと教えなければならないし、インプットからアウトプットへ、マインドセットすることが重要です。

社会人になったら、求める答えにどうたどり着くか、そのたどり着き方が大切になってきます。より近道で早くたどり着いたほうが効率的ですし、経費もかかりません。そのほうが生産性が高いと評価されるのです。

最初から1人で近道を探り出せる人は少ないでしょう。周りの仲間に働きかけて質問しなければ、近道を探り出せないこともあります。

これがググって答えが出るなら、苦労はしません。もしかして、卒論もググったものとの組み合わせで、終わらせたような人は、「答えさえわかれば、やり方さえわかれば頑張ります」なんてことを平気で言うのでしょう。

ところでみなさん、新卒社員と中途採用の従業員の違いがわかりますか。それぞれ、マインドセットの方法が違います。

新卒の従業員は、さすがに吸収力があります。なんでも器用にそつなくこなし、頭もいいのです。しかし、問題なのは打たれ弱いところでしょうか。

今の若い人がなぜ打たれ弱いかというと、喧嘩や議論をあまりしてこなかったせいです。夜を徹して人生について議論を戦わせたりした経験を持つ人は少なく、争いを回避して、自分に都合のよい答えをネットで見つけて納得するのです。

しかし、会社というのは戦って絶対に勝たなければならない組織です。負ければ給料が下がったりボーナスが出なくなったりします。

新卒社員には、この仕組みをまず頭に入れてもらわなければなりません。

中途採用の従業員をオンボーディングする場合は、先にもお話ししたようにもう少し複雑です。

三つのアプローチがありますが、一つ目は前の職場の制度との明確な違いを教えないといけません。制度といっても、有給の取り方、給与の仕組み、評価システム、コーヒーや食事する場所、交通費の精算などの方法のことです。ガイドという役割の人を人事部門とは別に用意するのがよいでしょう。1、2年の先輩社員に担ってもらいます。

二つ目は、仕事の進め方の違いです。みなさんの会社がプロジェクト型でやることが多いのか、セクション型でやることが多いのかといったようなことです。

三つ目は、考え方です。これは企業文化、価値観を共有することです。我々の会社は上下の別なく自由に意見を述べ合うけれど、最低限の礼儀、相手に対する尊敬の念を忘れてはならないといったようなことを伝えなければなりません。

中途採用の従業員は、得てして実力は持っていますが、あるレベル以上を目指す努力をしない人が多いようです。あるレベルまでいったら次の会社に転職してしまったりします。自分が設定したレベル以上の大きな目標を掲げる人は少ないのかもしれません。

何をするかよりも重要なこと

コーヒーブレークの後、

「みなさん、オンボーディングにとってマインドセットがいかに大切か、よくわかりましたか？そして、何をするかではなく、なぜするのかが重要ですよ」

生徒たちは一斉にうなずきます。

「オンボーディングでは、この〝なぜ〟するのかということを明確に教えないといけません。言い換えれば、誰と喜びを分かち合うのか、それは自分にとってどんな意味を持つのか、ということにもなります」

アンリ・ジャールがここで話を止めると……。

「喜びを分かち合う？」

「なぜするのかと、どう関係があるのかな……」

生徒の中から、自問自答のような声が聞こえます。

「みなさんは自分が入りたい会社を選ぶ時、何を重要視するでしょうか？」

アンリ・ジャールは、みんなに改めて質問しました。

「自分の好きなことができる会社じゃない？」

「お給料のいい会社だよ」

生徒の中から答えが聞こえました。

アンリ・ジャールは、黙って意見が出尽くすのを待ってから続けました。

「ところで、本当にいい会社は、自分の会社が作る商品やサービスの熱烈なファンを採用しないという話を聞いたことがありますか？　みなさんにはその理由がわかりますか？」

今度は声が出ません。生徒たちは顔を見合って考えています。

「そうした人は、自分が商品を使ったりサービスを楽しむことには熱心ですが、その商品を使っている人やサービスを楽しんでいる人について興味はありません。人を満足させたり楽しませたりできる目線になれない人を採用してはいけないのです」

満足の目線は、三つあります。

一つは会社の目線。二つ目は従業員同士の目線。そして三つ目はお客さまの目線。

「カスタマー・エクスペリエンスという言葉をご存じですか？」

顧客体験ということです。満足したお客さましか、新たなお客さまを連れてきません。

さて、晴れて入社し、仕事をしてみて初めてその会社の企業文化が自分に合わないと気づいたら、その従業員は深く後悔し、困惑します。すると従業員は、一気にやる気をなくし、なるべく早く辞めようとするか、なるべく楽をしてお金を稼ごうとするかのどちらか、またはその両方をしようと思います。

オンボーディングより前、従業員体験、いわゆるエンプロイー・エクスペリエンスという段階があります。これは内定後、入社前の早い段階で、従業員として、将来受ける体験を想像してもらったり、そうした機会を作るのがよいと思います。

したがって、入社前に会社に来てもらい、みんなと会話したり少し仕事してみたり、名刺を持って客先に行ってみたりする体験を通して、お互いに不幸な結婚生活を始めないようにするべきです。このマッチングを入社前にやることができれば、企業も個人も採用・入社の決断をもう一度再確認して、入社してからの不愉快な結果を避けることができるでしょう。

そして、会社に入ってからどうしても強い違和感や葛藤を感じたら、オンボーディングの期間中に辞めるべきです。それは、その人がその会社の人たちと一緒に仕事をすることができないという意志決定なのです。

ザッポスの2000ドルを、あなたはもらいますか？

「みなさん、ザッポスという会社をご存じですか？」

ザッポスという靴の通販の会社がありますが、とても変わった企業文化を持っています。社長はトニー・シェイ。アマゾンが屈した企業戦略などと、ものすごい評価を受けています。

「私は以前、ラスベガスの本社ツアーにも参加しました」

第一印象は、ユニークで楽しそうな会社ということ。ネット上のいろんな写真を見て、「奇をてらっている」のかと訝ったけど、全部本気でやっているから面白い。

そもそも私が注目したのは、一番難しい靴のネット販売にチャレンジしたことと、靴屋さんが前身の高級デパート〝ノードストローム〟からパートナークラスの人を引き抜いてきたことです。ノードストロームの顧客サービスは、伝説になるくらいたくさんのエピソードがあります。

さてザッポスでは、採用面接が終わると、4週間に及ぶ新入社員研修が始まります。午前7時から午後4時までというかなりハードなものです。欠席や遅刻は許されず、1回でも遅刻や欠席があると、即失格とみなされます。

午前7時からというスケジュールもきついけど、ザッポスらしいサポート体制があって、モーニングコールのサービスつきだそうです。したがって、士官学校のような厳しさではないということです。

「その中の研修で、私がみなさんに最も伝えたいのは、教えるというより考えさせる研修です」

つまり、こうしなさい、というような指導ではなく、「どう思うか」を徹底して考えさせます。それは、教わる研修、覚えてアウトプットではなく「どうしたらベスト」ですかを繰り返します。おそらく自分の答えというのが、その人が持っている、根本的な価値観なのです。

したがって、ただ入社したいからといって、都合のよい答えを思いついていたとしても、いつかは本音が出てきます。

こうしたことは、ザッポスの持つ企業文化が自分に合うのか、これからこういう考え方についていけるのかを考えるいい機会になります。

採用面接をクリアして、第2週目を迎えた新人社員に対して、「採用辞退ボーナス、2000ドル」の提示があります。研修は4週間続くので、ちょうど半分が終わったところです。

これはただ、お金のために働きたい、という従業員をあぶりだし排除するための仕掛けです。

「みなさん、いいですか？　もうおわかりのことかと思いますが、オンボーディングにとって最も重要なことは、会社の価値観や文化に合うかどうか、ということなのです」

アンリ・ジャールは、このことが最も重要なのだと再度強調しました。

この2000ドルというのは、アメリカらしい理由があって、「ペイチェックトゥペイチェック」つまり、すぐにお金のもらえる仕事。日払いや週払いのような人たち、貯金のない人へのサポートということです。

2000ドルあれば、次の仕事へのつなぎ生活費になるだろうということで、考えられた金額だそうです。

企業文化というのは、「お客さまに対して」「同僚社員に対して」「会社に対して」の基本的な考えと行動ということになります。

それがある程度わかってくる、2週間目を一つの区切りとしているわけです。

「どうですかみなさん。この2000ドルを手にしますか？」

アンリ・ジャールは、ポケットから真新しい100ドル紙幣20枚を出してみんなに見せました。

月曜日の入社はやめなさい

「みなさん、ビジネスに失敗するのはなぜでしょうか。経営者の努力が不足しているせいでしょうか？」

違います。努力しているとすれば、その努力の方法が間違っているのです。努力をする対象が間違っているからビジネスに失敗してしまうのです。

「間違ったところに、はしごをかけて上っていっても、間違えた答えしか出てきません」

みなさん、私は今日の授業の最初にオンボーディングでは入社の初日が大切だと言いました。そして、社長や上司が忙しくて新入社員を歓迎できない日を入社日にしてはいけないとも。覚えていますね。

では、社長や上司、セクションの同僚たちの都合がよくて、でも入社日にしてはいけない日がまだあります。わかりますか？

月末という声も聞こえてきますね。えっ？　給与計算の〆に合わせる。おやおや、そうではありません。

「それは月曜日です」

残念ながら、多くの会社は、月曜日や月初を入社日にしているところが多いのも事実です。

これはアメリカでＩＴ系の会社をやっている私の友人に聞いた話です。

退職率が最も高いのは、月曜日に入社した従業員だというのです。友人が言うには、月曜日は週の初めなので会議やイベントが多く、上司やチームの仲間が忙しくて、オンボーディングをしようとしても目が届かないからだそうです。

したがって月曜日はみんな忙しくて、なかなか歓迎ムードになれません。では何曜日がいいのでしょうか。水曜日あたりがいいでしょう？

「それも午後から」

アンリ・ジャールは、笑顔でみんなを見回す。だって、新しい会社で過ごす1週間。考えてみてください。長いですよ。

月曜日ってよく電車が止まりますね。電車への、飛び込み自殺が多いと聞いています。なんて可哀想なことでしょうか。

子どもの笑顔は国家の未来、お年寄りの笑顔は国家の誇り、そして働くみんなの笑顔は、国家のエネルギーと私は思います。

新入社員の入社は、月曜日を避けよう。

月曜日が一番多く辞めている。

心からあなたを歓迎しているという気持ちで従業員全員が新しく同じ会社という船に乗り組む仲間を迎え入れること、これがオンボーディングでしたね。

制度や仕組みを優先するのではなく、新しい従業員をどうしたら楽しく迎えられるかに注力してください。

人材開発部門の重要性

「みなさんの会社には、〝人材開発部門〟はありますか?」

アンリ・ジャールが聞くとすかさず誰かが、「教育ですか?」と答えました。

人材教育は違います。大きな意味では同じカテゴリーですが、と言って表を見せた。オンボーディングは結果ではありません。プロセスこそ重要です。

これを見てわかるように、人事部門や経営幹部の仕事が大きく変わりました。人事部門というと、うちの会社にはまだ早いといったことを言う経営者もいますが、人事部門とは、人をどのように活かすかという部門であって、会社の大小には関係ありません。

多くの会社は、採用に力を入れ採用したら教育、とつながっていきますが、多くの場合その間を埋めるつなぎには、配慮しません。

図表3-1　人事部門の仕事と役割

	入社／採用時	滞在時	退社／定年時
人材管理	・採用ニーズの把握 ・企業ブランドの構築 ・採用方法の確立 ・面接／評価 ・オリエンテーション ・教育／配属	・評価／報酬（目標設定など） ・昇給／昇格 ・配置転換 ・福利厚生 ・教育／専門スキル	・中途退職 ・定年退職 ・引き止め ・リストラ ・退職手続き
人材開発	**オンボーディング** ・企業文化 ・コアバリュー ・オンボーディングサーベイ ・イベント開催	**エンゲージメント** ・エンゲージメントサーベイ ・タッチベースのコミュニケーション ・イベント開催	**退職フォロー** ・避難時面談 ・アンケート ・退職後のアフターフォロー

そこに配慮する仕事が、人材開発部門の仕事です。幸せを作る仕事でもあります。

やはり企業文化が大切

会社は全体の経営戦略に基づき、個々のプレーヤー、従業員のやることが決まっています。自分がヒットを打つのはいいことですが、必ずしもチームにとって必要なプレーとは限りません。

それよりもバントを命じられたら、そのプレーヤー、従業員はバントを成功させなければならないのです。犠牲フライを打たなければならない場面では、ヒットを狙うより必ず犠牲フライを成功させようと頑張らなければなりません。

日本は高度成長期からバブル崩壊、長い不況の時期を経て社会や産業構造が大きく変化してきました。会社もこうした流れの中、ずいぶん変わりました。

この変化の中で、特に目立つのが「従業員を自由にさせる」という考え方が広まったことです。基本の考えは間違っていませんが、方法論の前にやることがたくさんあります。

アンリ・ジャールは、10年以上前に、潰れた会社の例を話し始めました。

「いいですか、みなさん。優秀な人材を集めるにはどうしたらいいと思います？」

突然の質問にも、みんなはすぐさま答えます。

「給与が多い」

「有名な会社」

「おしゃれな、六本木のビル」

「就職ランキング、上位を取ること」

また、ＩＴ系の一番若い社長が大きな声で言う。

「社長が若くてかっこいい」

みんなが笑いました。

そのリクルート出身の社長は、優秀な従業員を集めたいと、そうすれば絶対に勝てると。その会社は採用のコンサルを行っている会社でした。

その社長が言うには、昔のリクルート社は、採用チームに会社の精鋭や、美人部と言われるくらいきれいな女性を集めていたと聞いたことがあるそうです。実際に見たわけではないので定かではないですが、意味はよく理解できるでしょう。そのうえ、採用費用も1人800万円くらい使っていたというのですから、リクルート社とはなから勝負になりません。

まだそこまで大きな会社ではなかったので、高層ビルには入れない。

そこで彼は考えたわけですね。高層ビルに入れなければ、内装をおしゃれにしよう。バーを社内に作ろう。このバーは飲み放題。カフェスペースにパティシエがいて。熱帯魚の水槽も置こう。リクライニングシートを置いて、安眠できるようにしよう。社内にワインセラーを置き、みんなが飲めるようにしよう。床には大理石。出張時の新幹線は、全員グリーン車。美人を採用すれば、男性従業員も採りやすい……。もちろん給与は、かなり高めに設定。従業員の平均年収を1000万円にしようというから恐れ入る。いい人材はいくらでも欲しかった。

「しかし、会社は潰れました」

もちろん、営業戦略上のこと、マーケティングのこと、費用戦略のことなど、いろいろ理由はありました。

優秀な人材と会社のブランド力があれば、売り上げや利益はいつでもついてくるものです。

「なぜ潰れたかを私なりの解釈で話すと、企業文化の浸透とビジョンが示されていなかったからだと思う」

最も重要な価値観や企業文化を明確にしないで、入り口を飾ったり、ピンポン台を置いたり、バーカウンターを設けたりするのは本末転倒でしかない。

従業員に心地よくなってもらうことを重視する。ちょっと聞くといいことのように感じます。しかし、どうもこの考え方には多くの勘違いが含まれているのではないでしょうか。

たとえば、従業員の心地よさが従業員をルールで縛らないことで得られると考える経営者や従業員が多くいます。会社の飲み会が嫌だったら参加しなくてもいいとか、服装もなんでもいい、また目の前の仕事さえやっていればいい、さらに自分の成績さえ上げていればそれでいいといった考え方が、従業員の心地よさだと勘違いしているのです。

今の日本の会社には、経営者や上司などにもこうした考え方を持ち、若い従業員に迎合する人が少なくありません。

こうした考え方が広まるとどうなるでしょうか。多くの若い従業員は、会社の目標とは何か、よくわからなくなってしまうでしょう。

社会における役割、ミッションがあり、会社はそれに向かって進んでいくチームです。会社というチームが組織として成立する大前提として、チームの目標が必要なのです。

目標に向かって進んでいくためには、従業員はチームが決めた約束事を守らなければなりま

企業文化は育てるものである。あなたは企業文化を育てるための努力を怠ってはならない。

せん。このことを社長は従業員に教えなければならないのです。

従業員に対しては、絶対にルールを破ってはいけないということを厳しく教えてください。世界中に出店してきたスターバックスコーヒーのスタッフは、香水をつけてはいけないことになっているそうです。コーヒーの香りを損なうからですが、これも大切なルールです。チームに参加するからには、その一員となるために必要な約束事を守らなければなりません。社会人としての言葉づかいやマナーを守ることは当然ですが、会社の飲み会もコミュニケーションのための大切な場です。また、服装も清潔できちんとしていることはもちろん、会社が求めている服装をすることも大事なのです。それがＴＰＯです。葬儀にピンクのジャケットを羽織って行く人はいません。

こうしたルールを守らないことは、決して従業員の心地よさにはつながりません。チームにとって必要な約束事を守ることの延長線上に、本当の従業員の心地よさ、つまりチームの勝利があるのです。

「本日の講義はこれで終わりです」

そう言うとアンリ・ジャールは人懐っこい笑顔でみんなを見回した。

「オンボーディングはテクニックではありませんが、十分なフローを用意すべきです。そして価値観や企業文化は教えるものでなく、気づかせることが大事なのです」

CHAPTER 3

Summary

・新入社員が初めて出社してきたら、みんなで歓迎しよう！　寂しい思いをさせないで。

・オンボーディングとは新入社員をチームの一員としてスムーズに定着させ、育成していくプロセスのことである。

・新卒社員のオンボーディングでは、会社に対する固定概念をマインドセットすることが大切。

・入社日は、歓迎ムードになりにくい月曜日を避けること。

・従業員の心地よさを考える前に、明確な企業文化を作ることが大切。

CHAPTER 4

未来から夢を引き寄せろ

―― 新しい時代の目標と働き方 ――

maxim

「最大の危機は
目標が高すぎて
失敗することではなく
低すぎる目標を達成することだ」

---- ミケランジェロ ----

魚が飛んで、ありえない夢を実現

アンリ・ジャールは、まるで魚屋のような格好をして現れました。長靴を履いて膝まであるエプロンをつけています。そして、手にはなんと1メートルもある大きなサーモンのヌイグルミを抱えているではありませんか。

「へい、いらっしゃい、いらっしゃい！」

彼は突然、大きな声で叫びました。そして抱えていたサーモンのヌイグルミを、みんなのほうへ放り投げるマネをして驚かしました。教室に笑い声が沸き立ち、みんなは一体何が始まるのか興味津々でアンリ・ジャールを見ています。

「アラスカまで飛んでいけっ！」

そう言ったアンリ・ジャールは、今度は本当にサーモンのヌイグルミをみんなのほうへ投げました。

「魚は空を飛びましたね」

彼はイタズラっぽくウインクして続けます。

「魚を空に飛ばして世界一、有名になった魚屋さん、誰かご存じですか？」

そう聞かれても誰も答えられません。みんなが首をかしげていると、アンリ・ジャールは説明を始めました。

「これからみなさんにするのは、アメリカ西海岸、シアトルにあるパイク・プレイス・マーケットの魚屋の話です。世界一、有名な魚屋の話ですよ」

教室の生徒から先ほど放り投げたサーモンのヌイグルミを受け取ったアンリ・ジャールは、やがて魚屋のオーナー、ヨコヤマと会って取材した時の話を始めました。

シアトルのパイク・プレイス・マーケットというのは、小さな卸売市場のような観光スポットで、スターバックスコーヒーの1号店があることでも有名な場所です。

今の日本の魚屋は魚の切り身をパックで売るようになっていますが、パイク・プレイス・マーケットのジョン・ヨコヤマの魚屋は丸ごと1匹の魚を威勢よく売る、粋な魚屋です。

今では、上野のアメ横あたりの魚屋さんといったほうがいいのか、昔風の威勢のいい魚屋さん。ねじり鉢巻きに渋い声で「さ、奥さん、安いよ、安いよ」と掛け声を連発するような姿が思い浮かびます。ヨコヤマの魚屋もだいたい同じような感じです。

ヨコヤマの店では、奥のレジを中心に半円形に丸ごと1匹の魚が山のように積まれていて、砕かれた氷で魚を冷やしています。観光スポットということもあり、いつもヨコヤマの店の前は黒山の人だかり。地元の人も買い物に訪れるような店です。

お客さんから注文を受けると表に出ている店員が、店の奥のレジにいる別の店員に向かって魚を放り投げます。

その際の掛け声は、以前ならシアトル・マリナーズで活躍した「イチロー!」という掛け声もありました。あるいは、「アラスカまで飛んでいけ!」であったりするのですが、魚が宙を飛んでいき、レジで見事にキャッチする店員の姿にお客さんから歓声や拍手が沸き起こります。

口さがない人は「買い物客より見物客のほうが多い」などと言いますが、このデモンストレーションが評判になったことで世界一、有名な魚屋という称号を得たわけです。

しかし、話はそれだけではありません。

この魚屋のオーナー、ジョン・ヨコヤマの経歴を紐解くことで、なぜ魚が空を飛んだのかということがわかってきます。

アンリ・ジャールは、ヨコヤマに会った時のことを思い出しながらその話をしました。

ヨコヤマは日系三世です。太平洋戦争の際、強制収容所に入れられた経験を持っています。

彼は1960年に、現在の魚屋に就職しました。そして1965年、経営不振に陥った魚屋を買い取ることになったのです。それから20年、彼は働きづめに働いたそうです。

もともとヨコヤマは怒りっぽい性格だったそうで、店ではいつも従業員を怒鳴り散らしていたと言います。

そんなヨコヤマに愛想を尽かしてか、店員たちは「何をやってもあなたに満足してもらうことはできない……」と言って店を辞め、ヨコヤマのもとを去って行きました。

魚屋というのは朝が早いですし、一日中立ちっぱなしです。おまけに魚臭くなってしまい、家に帰れば子どもから「パパ臭い」と言われるので人気がなく、そのせいかヨコヤマが店を買い取ってからの店にはまるで活気がなかったそうです。

20年以上前のことです。ヨコヤマはある取引で30万ドルの損を出してしまい、店はほとんど倒産状態に追い込まれてしまいました。

もうだめかと思った時、ヨコヤマはビジネスコンサルタントのジムと出会いました。ジムは「一緒にビジネスを変えていこう。成功しよう」と誘いましたが、ヨコヤマは「金がない」と一度は断ったそうです。

お金がなかったのは事実でしたし、ジムは高額なコンサルタント料を提示してきました。ヨコヤマは法外なその報酬に「あんた、頭がおかしいんじゃないか。たかが相談するのに従業員の1週間分の給与と同じ金額を払えなんて……」と怒鳴ったといいます。

しかし、なぜかジムは懲りずに提案書を出し、「うまくいかなかったら1カ月でクビにしてもいい、とにかくやってみよう」としつこく誘ってきました。

その提案書の内容は「従業員をサポートし、権限を与えるボスに変身していきなさい」というものでした。「1カ月でクビにしてもいい」というフレーズが効いたせいで、ヨコヤマはジムを受け入れることにしたそうです。

まず彼らは、会社を変えていくには将来のビジョンを打ち立てていくことが必要だと考え、店員を集めてコミットメントすることから始めました。

すると、若い店員の中から「世界的に有名な魚屋になるんだ」という意見が出ました。ヨコヤマは「金がかかることはだめだぞ」と釘をさしたそうですが、ジムが賛同したこともあって「世界的に有名になる」ということについてのコミットメントが始まりました。信じられますか?

従業員の提案のもと、2カ月後にはシアトルで開かれた「グッドウィルショー」に参加しました。そこに写真が掲載されたことをきっかけに、グッドモーニングトーク、映画『フリーウィリー』に出演し、ギネスブックに掲載され、アンゴラから副大統領も訪れました。日本のNHKにも出演し、CNNの取材では、アメリカで一番楽しい職場として選ばれたのです。

ある時、ヨコヤマの兄弟は、何か魚屋を扱った映画を作りたいと話をしていました。その話を聞いて、次の週にはミネソタからヨコヤマの魚屋の経営手法を紹介した「教育ビデオ」を作りたいという人がやってきたそうです。

彼らが出演した教育用ビデオは17分ほどの長さでした。最初は590ドルで発売され、現在では900ドルで売られています。このビデオ、39カ国で翻訳され、600万本以上を売り上げたそうで、制作会社が始まって以来の大ベストセラーとなっているといいます。

最初のうち、ヨコヤマはセミナーの依頼をすべて断っていたそうです。しかし、従業員から「有名になるために講演をやってみましょうよ」と言われて、セミナーの依頼を受けるようになったそうです。

セミナーの最後には必ずサーモンのヌイグルミを投げ、それをキャッチするというデモンストレーションを行います。セミナーを行った中でこれまで一番大きなクライアントはアラスカ航空でした。

こうした経験を通し、ヨコヤマは私にこんなふうに言いました。

「自分たちの意志があれば、さまざまなことが実現する」

「可能性を追求しようとすると、機会は向こうからやってくる」

「ビジョンを打ち立て、意志を持って行動するとチャンスは向こうからやってくる」

未来を作っていく時には、このようにこうなりたいんだというビジョンを作っていかなければばなりません。確固たる意志があれば、さまざまなことが実現できます。

可能性を追求しようとしていれば、いずれ機会は向こうのほうからやってくる。未来を作っていく時には、こうなりたいんだというビジョンを作らないといけないのです。サナギは自分がどうやって蝶になるかなんて答えられません。ところが、蝶は自分がどうやってサナギから蝶になったのかを答えられます。

つまり、結果がわかっていれば、いずれ自分はこうなりたいんだ、ということを追求できるのです。

いいですか、みなさん。サナギのうちから、将来こうなりたいんだ、ということを考えていくことが結果を作り出すんです。それがビジョンであり、みんなを引きつけるエネルギーになります。

ウサギとカメの競争

アンリ・ジャールは、長靴と大きなエプロン、ねじり鉢巻きを脱ぐと、「国道246って、出世魚みたいに名前が変わって、面白いですね。ブリは、『ワカシ』『イナダ』『ワラサ』と名前が変わって、最後にブリです。国道246は、通過する地域によって、呼称が変わります。この六本木ヒルズのあたりが一番の出世で、『青山通り』。その前は、『多摩川通り』に『厚木街道』です」

そう言うと、？って顔でみんな聞いています。

「別にこの話、何かの謎ときではありませんが、さてみなさん、今日はこの青山通りを厚木方面に向かって歩いてもらいましょうか？」

みんなはざわつきました。

「とうとう、地獄の特訓混じりの授業か？」

わざとおどけて誰かが頓狂な声を出す。ベンチャー企業の社長です。

「もし、本日この課題を出したらどう思いますか？」

「別に意味があるなら、大丈夫、俺はいつもスニーカーだから」

ＩＴ系の社長が肩をすくめながら言います。

「厚木方面って、どこまで？」

今度は、私はヒールだからと1人の女性社長が言葉をつなぎました。

「いい質問が出ました。どこまで？　そうもし、どこまでと言わないで、とにかく厚木方面に歩け!!　だったらみなさんどうでしょう」

もし、みなさんの従業員を、2班に分け「厚木方面までどこまでも休まず歩け！」と言って、六本木を出発した厚木班と、「渋谷まで、歩け！　と目標を決めた」と言って歩かせ始めた時の渋谷班、どちらが先に渋谷に着くと思いますか？

「それは渋谷班だよ。モチベーションが違う。ゴールが見えてるので、ペース配分ができる。厚木班は、どこまで行くのかわからないから統制を取りにくい」

年長の有名企業の社長が言うと、アンリ・ジャールは、その通りと親指を立てました。

「ここからが大事な話になります」

みなさん、イソップ寓話の「ウサギとカメ」の話は知っていますよね。

この物語、ウサギとカメが丘の上のゴール目がけて駆けっこする話です。ウサギは、得意の俊足でピューと走り始め、一気にカメとの差が開いてしまい、これなら大丈夫だろうと、木の陰で寝ていたら、のろまなカメに負けてしまうという話です。

みなさんは、この物語からどんな教訓を得られると思いますか？

自信過剰は失敗のもと？

継続して努力することの重要性？

努力し続けることの大切さ？

油断大敵？

そう。もともとはイソップが話を作り、フランスではラ・フォンテーヌが詩に書き、日本では「油断大敵」という話になって教科書に載りました。明治時代のことです。

では、なぜウサギはカメに負けたんでしょう。わかりますか、みなさん？

答えを言いましょう。実は、ウサギはカメを見て、カメはゴールを見たからです。

これを経営に置き換えて考えてみましょう。

みなさんの会社には明確な目標がありますか？

ウサギのように「他の会社も儲かっていないから、これでいいんだ」なんて思っていませんか？

また「今年はけっこう儲かったからよかった」と喜ぶのはかまいませんが、それは何と比べて儲かったのですか？

経営に明確な数字目標は絶対に必要です。

たとえば、とにかく「歩いていけ!!」と言われただけで、どこまで歩けばいいかわからない場合と、「渋谷に夕方の5時までに着くように歩いていけ!!」と言われた場合とでは、歩くスピードが違ってくるでしょう。

目標が明確なほど、行動にとりかかるのも歩くスピードも、活動そのものも活き活きとなる

目標が高くて大きいからチャンスに気づく。

目標が小さいからチャンスに気づかない。

はずです。

いいですか、みなさん。数字に置き換えられる世の中にあるものすべては、改善することができます。たとえば、気になる体脂肪率、体重、酸素と二酸化炭素の割合とか、数量に置き換えられるものはすべて改善できます。

目標達成のためには、具体的で明確な数字目標を立てることが必要になります。なぜなら、目標が明確であればあるほど、チャンスに気づきやすいからです。

そしてさらに重要なことは、会社の目標は従業員全員で向かっていかなければなりません。目標を従業員全員にオープンにし、一緒になって目標に向かっていくことでチームワークも生まれてくるのです。

評価のための目標になっている

「みなさんの会社には、目標はありますよね?」

アンリ・ジャールが言うと、当然というようにみんなはうなずきます。

では、その目標をすべての従業員に設けている会社はどれくらいありますか?

半分近くの会社の社長が手を挙げました。

「最近は、こうした目標と評価に関するソフトがたくさん出ていますが、目標設定における重要な話をしておきます」

いろんな研究により、目標を定めて取り組んだほうが、従業員のパフォーマンスが上がるということは明らかになりました。ところがこの目標の設定に、多くの問題があります。もし、目標達成でその人の評価やボーナスが決まるとしたら、なるべく低い目標を出してくるでしょう。もちろん営業のようにわかりやすい数字なら別ですが、「難易度」「重要度」「その従業員のレベル」など、いろんな方面から評価していると思いますが、目標の難易度を上げて明確なゴールを設定するほうが、その達成に向けて従業員がよりいっそう努力するという結果が出ています。

グーグルやインテル、フェイスブックなどで採用されている、ＯＫＲというものがあります。ＯＫＲは、Objectives and Key Resultsのことで、「目標」と「主な結果」とでも訳せばいいでしょうか。

ストレッチ目標という言葉がもともとありました。ストレッチですから自身で考える設定値より高い目標を置き、そこに向かっていこうというものです。そうすることによって、各従業員の「やる気」が起き、従業員の持っている能力を最大限に引き出そうとするプロセスです。

多くの場合、こうした目標は優秀な人材を惹きつけ、職場を活気に満ちた環境に変えてくれるものです。さらに、目標を高く設定すると、達成できなかった場合でも格段の進歩を遂げられることが少なくありません。これは目標管理であると共に、プロセス管理でもあります。

ここがとても重要なのです。

こんな例があります。ハーバード大学のキャロル・ドゥエック博士らによって行われたものです。

この実験では、生徒たちを二つのグループに分け、次のようなテストを受けさせました。

一つ目のグループには、「頭がいいね」「よくできたね」とテストで正解した時には結果を褒め、その能力を褒めました。

二つ目のグループは、「よくあきらめずに頑張ったね」「その取り組み方がよかったよ」というふうに、プロセスを褒めました。

両方のグループとも最初のテストの結果はほぼ同じでしたが、異なる褒め方をしたため、違う行動結果が出ました。

「次回は、もっとレベルを上げて挑戦しない!?」という問いかけに、「結果」グループは、ほとんどの人がその挑戦を拒みました。ところが「プロセス」グループは90パーセント以上の生徒が、すすんで挑戦することを選んだというのです。

つまり、「結果」グループは、失敗を恐れるようになり、新しい挑戦を避けるようになる、ということがわかりました。それに対し「プロセス」グループは、自らすすんで新しい挑戦に取り組むことがわかりました。

前回お話しした、「城づくり」のことを思い出してください。

もしみなさんが、結果だけに目をやっていたら、「途中で城づくりをやめさせ、アグナイ王子に軍配を上げていたかもしれません」と言いました。

私たちは、ついつい従業員の「結果」にばかりに目がいってしまいがちです。確かに売り上げとか、利益率とか、勝敗とか、そういうものはわかりやすく、評価がしやすいものです。だから部下にしても、従業員にしても、ついその結果にのみ目を奪われると、大きな目標にチャレンジしなくなるということを、前提条件として覚えておかなくてはなりません。

「結果」が出た時でも、「プロセス」が悪ければ、そこを直してあげなければなりません。思うような「結果」が出ない時でも、「プロセス」がよいものであれば、それを褒めてあげることが、次につながります。

「もう一つ、ＯＫＲで言われることは、その数字を評価に結びつけてはならないということです」

その理由はわかりますか？

そう、評価につなげた瞬間に目標値は確実に下がっていくのです。

だって、目標を立てる理由は評価のためではないでしょう。目標はチャレンジです。そのことによって従業員の才能を開花させることができるんです。

「では、どうやって評価すればいいの？」

銀座のクラブを経営するママが質問しました。

クラブの仕組みはわかりませんが、販売ノルマや営業成績ということで考えてみましょう。

仮に、会社から売り上げ目標を５０００万円と設定され、達成した場合の賞与が１００万円だとします。１００万円が欲しくてみんなが精いっぱいの努力をして、会社にも大きな売り上げがもたらされる……と、うまくいけばいいのですが、実際はどうでしょう？　そうはならない。

すべてに、２：６：２の原則が働きます。

そこに向かって精いっぱい頑張ろうとする2割。途中まで頑張って最後はそこそこで終わる6割。最初から無理だとする2割。そうなると、半分以上の人が、次のように言います。

「どうせ俺は達成できないからやらない。別に１００万円が欲しいと思わない」

と、心の中で気づかないうちに自己弁護します。

真の目標は、評価されることではなく、目標に向かって努力することなんです。もちろん、「顧客を喜ばせる」「顧客に本当に、自社の商品で問題解決してもらう」ことでもあります。

あなたの言葉で「やる気」を起こす人より、

やる気を「失くす」人がいることに注意しろ。

できの悪い営業マンが、押し込み営業に走るように、「お客さんが買ってくれると、私の今月のノルマが達成できるんです」などと言っては本末転倒です。

そういうことではなく、多くの従業員が意欲的に目標を達成しようという状態を創り出すことなのです。

それに、賞与を出す場合には、細かくしすぎて、つまり減額要因のみをたくさん設定する例もありますが、それでは従業員のやる気をそぐだけになってしまいます。

やる気の源泉は、使命感が目的にあり、本人の上昇志向を与え続けることにあるのです。そして仕事への意義、それが動機づけです。

で、質問の評価はというと、それぞれの評価軸、前年比、先月比、順位、難易度、グレードなどで評価すればいいんです。つまりそれは別軸で保管しておくということです。

「安心しました」

銀座のクラブママは素敵な笑顔で答えました。

タッチベースの重要性

アンリ・ジャールは言う。

「みなさんに質問します。上司部下の目標面談をどの程度の頻度で行っていますか？」

・半年　80パーセント
・年1回　10パーセント
・四半期　5パーセント
・毎月　5パーセント
・毎日　0パーセント
・やってない　0パーセント

みんなが手を挙げた頻度を、ホワイトボードに書きました。
「さすがに、『やってない』に〝手を挙げた人〟がいなかったのには安心しました」
でもこれは今アメリカで行われている、先進企業の実態とは違います。
みなさん、本当に半年に1回の面談でいいと思いますか？
アメリカの先進企業ではこうした評価の方法を、やめてしまいました。
理由は次の二つです。
一つ目は、評価のために莫大な時間と費用がかかるということです。

そして二つ目は、ちゃんとした評価ができない。つまり、最近の状況のみで評価してしまいがちだし、中には苦痛なので部下を評価をしたくないという意見も出てきました。

そこで必要になったのが、タッチベースのコミュニケーションによる評価です。

みなさんが、バスケットチームの監督なら毎日の練習の中で、誰を試合に出すかはわかるはずです。半年の長い時間をかけて優劣をつけるでしょうか⁉

すべてのことが、このような形で行われているのに個人の業績評価やフィードバックは半年に一度でいいのでしょうか？　当然、いいわけはありません。バスケットや野球チームの監督やコーチのように毎日、いつでも目にかけ声をかける必要があります。

それがタッチベースです。

「ミーティング（会議）」となると、一堂に会して議題があり議事録を残したりとなりますが、タッチベースは、立ち話やちょっとした確認を言います。

touch base with A.（Aと意思確認をしておく）となります。

英語の授業みたいになってきましたが、簡単な意思確認と思っていただければいいです。もともとの語源は野球からきています。選手が、守らなければならないルールとして、「ベースにタッチする」というのがありますが、そこからきています。

つまり上司と部下が、目標においての確認やサポート、フィードバックを頻繁にやっていこうというものです。

今は、とてもいいコミュニケーションツールが揃っています。

考えてみたら、友達同士、恋人同士、夫婦、親子などは、すでにタッチベースの世界で生きているのに、どうして会社だけは半年に1回なの？　ということになるわけです。

昔のおやじは、「肩ポン」。つまり肩をポンと叩いて「どう⁉」とやったわけですが、今は、リモートワークや時間差出勤などで、一堂に会する時間もすごい経費になってしまいます。

こうした中、新しいコミュニケーションとサポートが生まれています。夕方、5分の情報交換。Webツールでお互いをつないで顔を見ながらでコミュニケーションを取るだけでも、エンゲージメントは高まります。

また、評価についても半年に1度や年に1度の面談はアメリカの先進的企業ではやめてしまいましたが、ボクシングの話をしましょう。

プロボクシングの試合の判定採点は以前、10ラウンドマッチにせよ12ラウンドマッチにせよ、すべてのラウンドが終わった後で審判がつけた合計点で勝敗を決めていました。したがって、途中でKOがなければ、最後の判定までどちらが勝っているのかわからなかったのです。それが今では1ラウンドずつ判定するように変更されています。

なぜなら、劣勢だった選手が12ラウンドの終了間際に放ったクリーンパンチの印象が強い場

部下への最も大事なコミュニケーションは、
フィードバックである。

合、試合を通して終始優勢に戦った選手に不利な判定が出る危険性があるからです。1ラウンドごとに採点するほうが公平だということで現在の方法になりました。

こういう話を聞いてもなお、年に1度の、あるいは半年に1度の判定にこだわりますか⁉

ピグマリオン効果

アンリ・ジャールがみんなに聞きました。

「みなさんの中にピグマリオン、という言葉を聞いたことがある人はいますか？」

そう聞いたアンリ・ジャールは、ピグマリオンについての説明はせず、ひと呼吸おいてからこう始めました。

「これからトンプソン先生とテリーという男子生徒の話をしましょう」

その学校に赴任して最初にトンプソン先生が受け持ったのは5年生のクラスでした。クラスの中に、テリーという男の子がいました。

テリーは、身なりも汚く、動作もゆっくりしていたので、みんなから仲間はずれにされていました。

彼のことが気になったトンプソン先生は、1年生から4年生までの担任の評価を見返してみました。

1年生の成績はとても優秀となっていました。2年生では良いという評価。3年生、やや劣る。4年生の成績はかなり劣るということになっていました。

彼女は「やっぱり」と溜息をつきました。テリーは確か3年生の時に父親をがんで亡くしていたのです。

次の休みの日、トンプソン先生は街の衣料品店で、少年用の5枚のポロシャツを買い求めました。男の子が月曜日から金曜日まで、毎日、着替えのできる枚数です。

父親を失ったテリーの家族は、母親と弟、妹の4人暮らしでした。母親の収入だけではとてもテリーの身なりまで手が回らないでしょう。

トンプソン先生は、テリーが仲間はずれにされたりイジメられたりするのは、身なりが汚いせいと考え、テリーにポロシャツを買ってあげることにしたのです。

翌週の月曜日からテリーは、そのポロシャツを着て登校するようになりました。その後、彼の表情が少しずつ明るくなり、それと共に仲間はずれにされることも少なくなっていきました。

学校がその年のクリスマス休暇に入る前の日のことです。教室のトンプソン先生の机の上には、生徒たちからのクリスマス・プレゼントが山のように積まれていました。

トンプソン先生がふと見ると、その中に新聞紙に包まれ、麻紐でゆわえられただけの贈り物があることに気づきました。

「テリーからのプレゼントね」

彼女はすぐにわかりました。同じようにクラスメートもその粗末な贈り物が一体誰からのものかわかったらしく、あちこちから小声でささやき合う会話が聞こえてきます。

トンプソン先生は、一つひとつ丁寧にクリスマス・プレゼントを開けていき、それぞれの贈り主にありがとうと感謝の言葉を返しました。テリーからと思われる新聞紙に包まれた贈り物を手に取り、麻紐を大事そうに解いていき、新聞紙を開けてみると、中から出てきたのは使いかけの香水の小瓶とビーズで作られたブレスレットでした。

教室のどこからか、あざけるような笑い声が聞こえてきます。彼女はかまわず、ビーズのブレスレットを左手首につけて笑顔を浮かべました。

「まあ、なんて素敵なブレスレットなんでしょう。ありがとう、テリー」

トンプソン先生は手を天井高く掲げ、うれしそうな表情を浮かべました。しかし、そのブレスレットは使い古しのようで、ビーズも半分くらいしかついていません。

彼女は次に香水の小瓶を手に取って小さなガラスの蓋を開け、少量を右の手首にたらし、両の手首を擦り合わせました。そして、それを鼻に近づけるとうっとりした表情を浮かべました。

「まあ、なんて素敵な香りなのかしら。これまでにこんな素敵な香りを嗅いだことはないわ」

しかし、その小瓶に入っている香水の量も半分くらいで、明らかに使いかけのものということがわかります。

トンプソン先生が生徒たちからのクリスマス・プレゼントをすべて開けて感謝すると、いよいよ学校はクリスマス休暇に入ります。みんなは大きな声でメリー・クリスマスとあいさつを交わし、教室から走り出ていきました。

彼女も帰り支度を始めようとした時、教室の中に1人だけ残っている生徒がいます。テリーでした。椅子に座ったまま、頭を垂れてうつむいています。

「テリー」

トンプソン先生はテリーに近づいていきました。するとテリーはゆっくりと顔を上げました。その目からは涙が流れ落ちています。

「今日、先生にプレゼントした香水はママの形見です」

実は、テリーの母親は1カ月前に突然の事故で亡くなっていました。トンプソン先生はもちろんそれを知っていました。テリーが涙を拭おうともせず、しゃくり上げながら続けました。

「先生がしてくださっているビーズのブレスレットは、僕からのママへの誕生日プレゼントでした。ママはいつも大切に使ってくれていました」

トンプソン先生は、テリーの目を見て、ハッと打たれるものがありました。

それからしばらくして、テリーと弟妹たちは遠方の親戚に引き取られていきました。

テリーからトンプソン先生に手紙が来たのは、それから何年かしてからです。それは「高校を首席で卒業しました」という内容でした。

それからまた数年後、手紙が届きました。「大学を首席で卒業しました」という報せでした。

さらに数年後、テリーからトンプソン先生に結婚式の招待状が来ました。彼女はテリーの年齢を数えてみました。すでに彼は29歳になっていたのです。

結婚式場へ到着したトンプソン先生に走り寄って来る1人の青年がいました。テリーでした。彼女は目を見張り、目を見上げました。

小学校時代のテリーはごく普通の体格のやせっぽちな少年だったのに、今、目の前にいる青年は身長190センチほどの大男の立派な好青年に成長していたのです。

テリーはトンプソン先生を抱き上げ、何度も何度も抱擁しました。

「先生、本当にありがとうございました。私が今日あるのは、すべて先生のおかげです。あの時、先生が声をかけてくれなかったら今の私はないでしょう。先生、本当に本当にありがとうございました」

テリーは涙声になり、最後のほうは言葉が出てきません。

トンプソン先生は、テリーの大きな背中に手を置き、子どもをあやすようにトントンと叩きました。

「違うんですよ、テリー。救われたのは私のほうです。私はあなたに救われたのです。あの時、あなたの目を見た私は、教師のなんたるかがわかったのですから」

アンリ・ジャールの話が終わりました。みんなを見渡し、しばらくしてから大きな声でこう言いました。

「成功するには、従業員と正しく向き合いなさい！」

チームを強くするには、エンゲージメントが必要

先ほど私がみなさんに紹介した言葉、覚えていますか。そう、ピグマリオンでしたね。

ピグマリオンというのは、ギリシャ神話に出てくる王の名前です。この王は彫刻で理想の女性を彫り上げました。その彫刻に恋をし、神に生命を宿して欲しいと懇願した結果、ついに彫刻が人間に変わるというのがギリシャ神話に出てくる話の内容です。

教育学や心理学の世界には「ピグマリオン効果」という概念があります。

それは、教師が生徒に期待することによって、その生徒の成績が上がる現象のことを指します。

先ほどのトンプソン先生とテリーの話を思い出してください。

トンプソン先生は、低学年で優秀だったのに父親の他界で成績が落ち、仲間はずれになっていたテリーをどうにかして変えようとし、変わってもらいたいと期待しました。テリーはトンプソン先生の期待に応え、成長していきましたね。

人間には期待されると、その期待に応え、期待された通りの成果を上げようとする傾向があるのです。

ですから、みなさんも従業員や部下に対し、「興味を持ち」「温かい目で見守り」「やさしさと愛情あふれる態度」で接していかなければなりません。そう、家族のように。

従業員がエネルギーやパフォーマンスをより高く発揮するためには、企業理念を理解し、個人のキャリアをそこに重ね合わせ、主体性を持って献身的に努力することが大切です。こうしたことを通じて、従業員は組織の大きな目標を理解し、会社を底支えしていくことのできる存在に成長していくのです。

そしてコミットメントはとても大切です。

従業員が自分の仕事と会社に対して思っていることとやりたいと思うことを宣言するというの

は、エンゲージメントにとってとても重要です。こうしたコミットメントは、従業員の会社や仕事に対する関心の高まりのあらわれであり、情熱や忠誠心のレベルのバロメーターだからです。

核となる価値、コアバリューとは何か

みなさんの会社には企業理念はありますか？　企業理念のない会社を私は聞いたことがありません。

でも、お題目のように唱えているだけの理念は企業理念ではありません。よく朝礼の時など、従業員全員で企業理念を唱和させる会社がありますが、企業理念というのはそういうものではないのです。それと在宅で仕事をするリモートワークの時代にはそういうやり方はもうふさわしくないですよね。

企業理念とはなんでしょうか。その会社の価値観の中で最もコア、中心となる価値観、バリューが企業理念と考えていいでしょう。

つまり、これが「コアバリュー」ということになりますが、従業員全員がチームになって共に進んでいく行動の支えになるのがコアバリューでもあります。

価値観が明確でなければ、従業員は行動に移せません。逆にいえば、行動として体現できる原点となるのがコアバリューということになるでしょうか。

たとえば、「お客さまが来られたら笑顔で挨拶しましょう」と、マニュアルにあるとしましょうか。

しかし、コアバリューが明確でない場合、従業員はなぜお客さまに笑顔で頭を下げなければならないか、本当のところは理解できていません。

しかし、コアバリューを行動に変化させなければなりません。なぜなら、行動の原点にコアバリューがあるからです。

ザッポスには10のコアバリュー、コアパーパスがあります。コアパーパスというのは、中核となる目的という意味ですね。

ザッポスの場合、サービスを通じて「WOW!（驚嘆）」を届けよ、とか、コミュニケーションを通じてオープンで正直な人間関係を築け、とか、間違いを恐れず、創造的で、オープンマインドであれ、というのがあります。

こうしたコアバリューに共感し、フィットしたことを採用の必須条件にしているといい、コアバリューによって人事評価もしているのです。コアバリューを実践するためには、従業員全員がその価値観を共有し、気持ちの中に根づき、行動として体現していなければなりません。

また、アメリカのある航空会社のコアバリューは、従業員一人ひとりの個性を重んじることで、彼らのユーモアのセンスによってお客さまに記憶に残る空の旅を体験してもらうというものです。

みなさん、このようにコアバリューとコアパーパスは同じ概念ですが、コアパーパスのほうがより広く社会への貢献という意味が入っています。社会の中でいかに存在意義のある会社にしていくのか、従業員一人ひとりが価値観を共有することで実現していくために必要なのがコアパーパスということになるでしょうか。

世の中はめまぐるしく変化しています。お客さまが求めているものも常に変わっていくでしょう。

従業員にとっての会社という存在も大きく変わり、その会社で仕事をする意義を問いかけるようになっています。会社が社会にどんな価値を還元できるのかわからなければ、働く意欲を失ってしまうようになっているのです。

サンタクロースのミッション

「いいですか、みなさん」

アンリ・ジャールは、休憩を挟んで、今度はサンタクロースの格好をして現れた。真っ赤な服に白いひげ。ハーフの彼にはとっても似合っている。BGMもいつしか、橇《そり》の鈴の音が聞こえる。

「今日は、12月24日、クリスマスイブです」

窓の外には白い雪が、シンシンと降り続いています。鈴の音と共に、アンリ・ジャールがそう言うと、本当に雪が降っている風景が目に浮かびます。

「サンタクロースが子どもたちにプレゼントを届けようと、ある村に集まっていました」

サンタは2班に分かれました。彼らの仕事は、世界中の子どもたちにプレゼントを届けることです。

最初の班のサンタには、「みなさん、今日中にこのリストにあるおうちにプレゼントを届けてください」と、指示が出ました。山積みになったプレゼントを、サンタたちは橇に積み込むと、一目散にその場を後にしました。

次の班のサンタも同じように、リストを受け取り、橇に山積みのプレゼントを積み込みました。積み込み終え、出かけようとした時に、サンタを集め次のように言いました。

「あなたたちの役割は、子どもたちに夢を与え喜ばせることとです。翌朝目が覚めた時に、喜ぶ子どもたちの姿を想像しながら配達してくださいね」

最初の班のサンタは、ただ届けることが役割だと思っているので、玄関先にぽんと置き配したり、中には玄関先に放り投げるサンタも出てくる始末です。

そのうえ時間がたつと、「こんな寒い日に、しかも雪の降る中をなんでこんな辛い思いをしなければならないんだ」と不平不満が聞こえてきました。

一方、次の班のサンタたちは自分の役割がよくわかっていたので、子どもたちの枕元にそっと置いてきました。彼らには、翌朝目を覚ました時の子どもたちの笑顔が、喜ぶ声が、想像の先にありました。もちろん、自分たちの役割がとても重要なものだということもわかっていました。

「いいですか、みなさん。リーダーシップとは、成功に導くためのエネルギーをチームのメンバーに与え続けることです」。人間も会社も、活動しているものはすべてエネルギー体です。そして組織のエネルギーを一つに向かわせるのです。

エネルギーを与えることによって、個人も会社も自然界のすべても新たなエネルギーを発するのです。自然界にあるもので、そこにとどまっているものはありません。成長しているか、退行あるいは滅びに向かっているかなのです。そこにとどまっているものなど何もないのです。

「成長」か「衰退」しかないのです。

優れたリーダーシップとは、そうすることでフォロワーの持っている才能、潜在能力を見つけ出し、それを発揮させることです。従業員の力を引き出し、みんなで一つの目標を追求していく企業文化を作る人が真のリーダーです。

そこで重要になるのが、ミッションです。役割や使命ということです。そして、ビジネスというのは、何をするかではなく、なぜするのかなのです。ついつい日常の業務に追われてしまい、いつしか何をするかばかりで時間を過ごしてしまいがちです。

こうしたことはとても大切です。

そして、同じことはエンゲージメントにもいえるのです。

会社や上司は、従業員とビジョンを共有し、従業員が能力を発揮できる環境を用意しなければなりません。良好なチームワークを作り上げ、協力し合える文化を醸成していくべきです。

みなさん、いいですか、勘違いしてはいけませんよ。

優れた会社だから優れた人材になるわけではないのです。環境に適応したからこそ、生き残ることができるのです。

受け身で会社や上司が用意してくれるのを待っているようでは生き残っていけません。その環境へ入っていって、環境を変えていくくらいでなければなりません。

どちらも常に成長し続けているのです。従業員同士で支え合い、一緒に会社のビジョンを実

サンタクロースのミッションは、
荷物を運ぶことではない。
子どもに笑顔を与えることなのだ。

現し、社会貢献のできるような商品やサービスを作っていかなければなりません。エンゲージメントというのは、上司から部下への一方通行ではないのです。

私たちに必要なストーリー

「人間と動物の大きな違いはなんですか？」

アンリ・ジャールは、みんなに回答を求めます。

「言葉を使う」

「文字がある」

「火を使う」

「文明や文化がある」

「1年中子どもが作れる」

若いＩＴ起業家が言うと、みんながつられて笑いました。

「経営計画書ってありますか？　3年後の会社の姿や数字を書いたものはありますか？」

ほとんどの経営者が、手を挙げました。

「イヌやネコ、牛や馬になくて、人間にあるのは、未来へのストーリーです」

冬になれば、穀物が収穫できないので蓄えておこう。魚は塩漬けにしよう。肉は乾燥させておこうなどと考えるのは、未来へのストーリーなのです。

熊はそんな時腹いっぱい食べて、寝るしか術はありません。

「だって、考えてみてください。このソフトを日本中の会社で使ってもらうぞ。世界からがんをなくすぞ。貧困という言葉を世界からなくしたい」

これがみんなストーリーであり、ビジョンなのです。

「初回の講義で、ビジョンがなければ人は死に絶える」

と言ったのを覚えていますか？

アメリカ国内を移動した時のことです。空港に到着していざ飛行機を降りようとすると英語の機内アナウンスが流れてきました。

なんでもその機には、アメリカが関与している紛争地域で亡くなった米軍兵士の棺を搭載しているということで、飛行機を降りる順番はまず最初にアメリカ国家のために命を落とした彼からとアナウンスがありました。

飛行機の中は、しんと静まり返り、その兵士に思いを寄せているのがわかります。そして、しばらく待っていると、「棺は無事に彼の母国であるアメリカへそして彼の故郷へ帰還しました」とアナウンスが流れました。すると、機内で降りるのを待っていた乗客がみんな立ち上がって拍手をしたのです。

これも一つのストーリーです。思いを寄せることです。みなさん方が、いかにして未来のストーリーを作り上げるかによって、従業員はエンゲージメントされます。

今の時代のリーダーシップとは？

リーダーとは、役職やポジションではありません。

また、リーダーシップを発揮できる人には、共通した特徴があります。

それは「今、この状況を絶対に変えなければならない」という信念を持ち続けているという特徴です。

会社がうまくいくと、往々にして社長はこのままでいいと思うようになり、現状に留まろうとします。現状に留まっていれば、今の成功した状態がいつまでも続いていくような錯覚に陥ってしまうからです。

しかし、自然界のすべてのものは「成長していくか」「死にゆくか」のどちらかです。その間に留まることはあり得ません。

それは「いつか」ではなく「明日」でもなく「今」なのです。

業績を上げるために、どう改善し、どのように顧客に接していくかという方法がわかったら、すぐに取りかかり、現状を変えていこうとするのがリーダーです。

さらに、リーダーシップを取る人は「変えるのは、自分である」という信念を持っています。なぜでしょうか。リーダーシップを取れない多くの人は、自分が変わるのではなく他人や周りが変わるのを待っています。自分が悪いのではなく、他人や周囲の環境のせいにしたがるのです。

よく耳にする従業員の愚痴に「上がだめだからうまくいかないんだ」というものがあります。その会社の社長に聞くと「うちは従業員にいくら言っても変わらない。だから会社がよくならないんだ」と嘆きます。しかし、どちらも単なる不平不満です。

不平不満は人や環境に対して唱えるものです。みんなが不平不満を言っているうちは、誰も現状を変えようとしないでしょう。多くの人は変えようという決断を人にさせようとするものです。お互いに相手が変わるのを待っているのですから何も変わらないのです。

リーダーは自らが先頭に立って変えていこうとします。自分で決断し、仕事、人間関係、人生を変えていきます。

みなさん、混乱していませんか？　いうまでもなく、ミッションは役割、ビジョンは将来の展望、そしてバリューは価値観のことですよ、いいですね。

この三つの中で何があっても変わらない普遍的なものはなんでしょうか？　そう、バリュー、価値観です。

ミッションは変わらないのでは？　という声が聞こえました。会社のミッション、役割は変わります。たとえば、かつて栄えた写真フィルムの会社が今ではメディカル分野で最先端の技術を提供したりしています。会社の社会的な役割というのは時代の変化、お客さまのニーズの変化によって変わっていくものです。

しかし、バリューは何があっても変わりません。

仕事はやはり楽しく素晴らしいものであるべきです。この素晴らしい仕事を作り上げていくためにも、チームのメンバーは常にお互いの「責任」と「役割」を理解し、どのようにすればみんながチームに貢献できるのかを知ることが不可欠です。

リーダーの役割とは、よく統合されたチームを作り出し、部門の壁を越えて仕事ができるようにし、チーム内部で相乗効果が生まれるようにすることです。そして、チームのすべてのメンバーは自分の地位に関係なく、リーダーシップに必要な自分の義務を理解し、他のメンバーから信頼されるように常に努力しなければなりません。

みなさん、チームという言葉が出てきましたね。チームというのは一体なんでしょうか？

会社の組織図を描き、そこに従業員を配置し、予算をつけるとその従業員の集まりはチームになるでしょうか。総務部、製造部、営業部、それぞれ組織図に入れて従業員を配属し、そこで使えるお金を用意したら、それがチームとして成り立つでしょうか。

答えは絶対にノーです。

なぜならば、従業員がそれぞれのパワーを発揮できず、従業員の相乗効果という機能を持たない集団はチームとは呼べないからです。ただ単に組織図を描き、人を配置し、お金を置いておけば、自然にチームとして機能するでしょうか。しませんね。チームとは、そんな単純なものではないのです。

これからのリーダーシップが、従来のリーダーシップと決定的に異なるのは、単に人を引っ張っていくということでなく、自らが動いていこうと動機づけをすることです。そのため、従業員が成長するように必要な資源を用意しなければなりません。

こうしたことをするためにリーダーは、チームの従業員を愛し、自ら犠牲を払う覚悟を持たなければなりません。チームのメンバーが素晴らしい成果を生み出すことを応援しなくてはならないのです。

つまり、リーダーシップとリーダーの役割とは、従業員を成功させることにあるといっても過言ではありません。

「いいですか、みなさん、従業員一人ひとりが成功すれば、会社も成功するのです」

同じようにミッションもまた、リーダーシップにとって、切っても切れない関係にあります。グーグルのミッションは「世界中の情報を整理し、世界中の人々がアクセスできて使えるようにすることです」と言い、東京ディズニーリゾートのミッションは「すべてのゲストにハピネスを提供する」とあります。また、サウスウエスト航空は「温かさ、親しみやすさ、個人個人のプライド、愛社精神を持って、最高のクオリティーの顧客サービスを行うことにある」というミッションを掲げています。

リーダーシップは、このミッションの達成やビジョンの実現のために発揮されるものという根本を忘れてはなりません。

ＩＢＭをコンピューター業界の巨人に育てたトーマス・Ｊ・ワトソン・ジュニアは、次のように言っています。

私はこう信じている。

まず会社や組織が成功し生き残っていくには、きちんとした信念や価値観を持ち、それをベースに方針や行動を設定していくこと。

二つ目に大切なのは、その信念や価値観に忠実に沿うこと。

三つ目に、今日のような変化の激しい時代にあって、仮に会社がすべてを変えるとしても、その価値観だけは変えないこと。

リーダーは、変えることに常に挑戦し続けていなければなりませんが、同時に根底においては常に変わらない価値観を持つことが重要です。

リーダーは従業員の人生を引き受ける覚悟が必要

たとえば、幼稚園の先生は砂遊びをした後の子どもたちにランチの前の手洗いの大切さを教えなければなりませんが、子どもたちを無理やり洗面所へ引っ張って行って手を洗わせるような教え方はしないでしょう。

先生自らが手を洗ってみせ、「お手々にバイキンついていますよ、ばっちいですからね、お昼を食べる前にみんなでお手々を洗いましょうね」などと言って子どもたちを並ばせ、進んで手を洗うように仕向けます。

すると子どもたちは、手を洗ってバイキンを落とすことを学び、なぜ手を洗うのかを理解し、食事の前には手を洗う習慣を身につけていくのです。

あなたが「これでいい」と思った瞬間に

成長は止まる。

ところが、従業員に対してこれができる上司は多くありません。部下に向かって「お前そうじゃないだろ、ちゃんと手を洗えよ」ということをやってしまいます。これではせっかくのリーダーシップが醸成されず、その芽を摘み取ってしまうことになるのです。

未来を創るリーダーシップとは

リーダーシップを発揮するということは、組織を成功させ、効率的な運営をするための「エネルギー」をチームのメンバーに与え続けることです。そして、最も効果的なリーダーシップを発揮するリーダーとは、それぞれが持つ才能や潜在能力を見出し、みんなで一つの目標を追いかけていると思える企業文化を作り出すことのできる人のことです。

こうした人は、リソース以外にも三つの重要な要素を持ち合わせています。

・貢献：会社や組織あるいは所属するチームの発展・繁栄に役立つことをすること。
・献身：自分の安全・健康状態や利害損得などを考えずに他人に奉仕すること。これはエンゲージメントですね。
・真摯《しんし》：他事を顧みず、一生懸命まじめにやること。

みなさんはこうした要素を持っていますか?

もちろん、貢献と献身、真摯の三つの要素は自然に湧いてくるものですから、自分がみんなに何をしてあげられるのかという精神を共通して持っていなければなりません。

逆にいえば、三つの要素が自然に湧き出しているような従業員がリーダーシップを発揮できるのです。それほど難しい要素ではありません。

みんなのために役立ちたいという気持ちは誰でも普通に持っていますし、損得なしに行動できる資質を持っている人も珍しくないでしょう。真摯さは最もありふれた態度だと思います。

つまり、誰もがリーダーになれるし、リーダーだけがリーダーシップを発揮できるわけでもないのです。

リーダーシップとは、人々に心の底から湧き出してくるような目的意識を与え、その目的を達成するために個人の持つ能力を、従業員自らが進んで献身的に提供しようと思わせることです。また、みんなが共同で仕事をしようという努力を自ら進んで行おう、と思わせるようなエネルギーを、人々に与える過程のことです。

「だから、リーダーは組織の方向性に向かってエネルギーを与えればいいのです」

アンリ・ジャールは力強くみんなへ言う。

リーダーシップは、組織の上から下まで、どの部署においても感じることができなければなりません。リーダーシップがあることによって、仕事に一定の速度以上のエネルギーが生まれ、人々に働く能力と元気が与えられるでしょう。

リーダーシップは、権限を行使する時のような、人に何かを強制する姿である必要はありません。むしろ、人々に歓迎され、自分たちをリードしてもらうために、ぜひ必要なものだと思われるようなものでなくてはならないのです。

未熟なリーダーは、自分の価値観でフォロワーをまとめようとして部門の間の壁を作ってしまいます。そのことに気づかずエネルギーを発揮すると「負」の連鎖を生んでしまいます。

そうではなく、リーダーシップがあることで、組織の誰もが自分も組織の成功に貢献できたということを実感できる状態を作り上げるべきです。リーダーシップがあることで、お客さまに喜んでいただき、利益が出るということを考えるべきです。

ところで、みなさんが新入社員を面接する時、試しにこう質問してみてください。「あなたは、あるものとないもの、どちらを見ますか？」と。

見るものはあるものに決まっているって？　そうじゃありません。疑問に思っているみなさんに、このお話をしましょう。

海外のある街に1人の若い女性がいました。彼女は失恋した悲しみのあまり、自殺しようとまで思いつめます。

岬の灯台行きのバスに乗った彼女は、バスの窓から今にも雨が降ってきそうなどんよりとした夕方の空を眺めます。あの灯台が建っている断崖から落ちたら、高い波のせいで死体も打ち上げられないだろうと考えたのです。

バスはワンマンで乗客は彼女の他、奥の左側の席に金髪のきれいな女性がいるだけです。そのきれいな女性は、彼女と目が合った時、ニコっと笑いかけてきました。女性の前のほうの席に座った彼女は、「私もあんなふうにきれいだったら失恋しないですんだ…」だろうと思いました。

次の停留所に近づく直前にブザーが鳴り、きれいな女性が降りようとするようです。彼女は気になって女性が通り過ぎる時、視線を上げました。すれ違いざまに2人の目が合いました。再び笑みを浮かべた女性は、バスが停まってもなぜか肩を揺らして通路を歩いています。

彼女はハッとしました。その女性は片足が義足だったのです。

バスが動き始めました。降りた女性とまた目が合い、2人は視線を交わしたまま、遠ざかっていきます。

女性には、私にないものがある。それがうらやましかった。私は一体何を見ていたのだろう。そう思ったのです。

もし私が義足だったら、それを悲観していつまでもこだわっていたかもしれない。なぜ私はないものばかり見ようとしていたのか。なんて愚かだったんだろうと。
彼女はその次の停留所でバスを降りました。灯台はまだずっと先でした。

「さて、あなたはあるものを見ますか、それともないものを見ますか？」
アンリ・ジャャールはそう言って教室をぐるりと見回した。

結局、リーダーシップの目的とは、人々に対して素晴らしい出来栄えを達成できたことへの誇りを与え、つまり、あるものを育てさせることです。そしてリーダーシップは、品質を向上させるか、生産量を上げるか、そのどちらかしかありません。

いいですか、みなさん、間違えてはいけませんよ。リーダーシップが目的なのではありません。リーダーシップは、与えられた任務を達成するまでのプロセスです。ですから、どんな場合にも当てはまるというリーダーシップの定義は一つもないのです。

動機づけとインセンティブ

さて、リーダーシップを発揮するための技術としては、動機づけというものがあります。

みなさんの会社には、パートタイマーさんは働いていますか？　正社員もいますよね？　パートタイマーさんにせよ、正社員にせよ、その人の持っている力の30パーセントくらいを発揮していれば、パフォーマンスは問題にならず、クビにもならないとされています。

思い当たることがありそうですね。確かに、最もパフォーマンスの低い従業員は、持っている力の3分の1程度しか力を出していないのです。

もし彼らが献身的な力を発揮し、持てる力の90パーセントのパフォーマンスを出してくれたとしたらどうでしょう。創造性や情報量がガラッと変わって大変な戦力に変身しますね。

30パーセントの力しか出していない人が3分の1、中程度の力を出している人が3分の1、最大限のパフォーマンスを発揮する人が3分の1、それぞれ会社にいたとすれば、最初の3分の1の従業員が中程度や最大限のグループに変わるだけで大きな成果を上げることは間違いありません。

動機づけの影響力は、だいたい20パーセントから90パーセントの範囲とされていますから、十分に可能性が期待できます。動機づけの特徴は、自らの意思で行動しようと背中をソッと押すことです。30パーセントの力しか出していない人は、なにも能力が低いわけではありません。本来、持っている力を出していないだけですから、動機づけで背中を押してあげれば大きな行動変容につながる可能性があるのです。

動機づけは、自分で自分に対してインセンティブを与える時にも効果を発揮します。

リーダーは従業員に対し、正しい方向性を示し、小さなインセンティブでいいのでしっかりとした動機づけをしながら一緒に努力していかなければなりません。

会社の中のインセンティブは、本当にちょっとしたことでいいのです。みんなの前できちんと褒めるとか、ちょっとした賞を与えるとか、報奨金も1万円とかではなく、300円のお菓子券でも十分に喜んでもらえます。

誰だってルールのギプスでがちがちに固められた状態で仕事なんかしたくありません。リーダーの役割の一つは、会議の数を減らしたり日常業務の承認業務を減らすなど、極力ルールを減らして従業員の自由意思、自由行動に任せることです。

リーダーは、自由意思で自由に行動する従業員を支援し、アドバイスします。従業員が毎日、新鮮な気持ちで仕事に取りかかれるように心を配り、従業員に活力を与えます。

みなさん。リーダーの役割は重要です。リーダーの決定は多くの人たちに影響を与えます。

つまり、難しい決定がいかに多くの人に影響を与えるのかということを知らなければなりません。そのため、リーダーは相手に対して思いやりを持ち、相手の立場に立って考えることが大切になります。

よいリーダーシップは、人々に心の底から湧き上がるような目的や目標を与えます。共通の目的・目標を達成することにフォーカスさせ、彼らのエネルギーをそれに向けさせることができるのです。

終わりなき改善

変化を恐れてはいけません。このことをたとえ話として3頭の恐竜のサバイバルで考えてみましょう。

どんな恐竜が3頭いるのかって？

1頭目の恐竜はスマート、つまり頭のいい恐竜です。2頭目、こいつはタフ、つまり力が強くて体力のある恐竜。3頭目、おやおやコーヒーを飲みながらパソコンのニュースを読んでいます。つまり、変化に敏感な恐竜が3頭目です。

みなさんはどの恐竜が生き残ったと思いますか？　頭のいい恐竜でしょうか、タフな恐竜でしょうか、それとも変化に敏感な恐竜でしょうか。

頭のいい恐竜

タフな恐竜

変化に敏感な恐竜

そう、変化に敏感な恐竜が生き残ったのです。

私たちは自然界の法則からさまざまなことを学ぶことができますが、自然界には「成長しようとしている」か、「死んでいこうとしている」かの二つの存在しかありません。

みなさんはどちらでしょうか。死んでいくのが嫌なら、成長するしかありません。この世界に「安定」というものはないのです。

これはあなたの会社も同じです。会社にとって成長とはなんでしょうか。それは売り上げや従業員数のことだけではありません。常に何かにチャレンジしていくことが成長なのです。

変化を恐れてはいけません。変化に抵抗してはいけません。変化を自ら受け入れ、変化を推進していくエネルギーを持つことが、あなたの会社を成長させるのです。

みなさん、いいですか。「うまくいっているのか」でもなければ「どうすればうまくやれるのか」でもありませんし「競争に対応するために、どこまでやらなければならないのか」でもないのです。

最も大切な問いは「明日にはどうすれば、今日よりうまくやれるのか」です。

リーダーシップのある企業では、このように常に問いかける仕組みを作っていて、毎日の習慣にして考えて行動しています。企業が素晴らしい行動をとり、実績を上げているのは、最終目標を達成しているからというより、常に改善を進め、将来のために投資する終わりのないプロセスの結果、自然に成果が生まれてくるからなのです。

とりわけ先見的な企業でこうしたことが行われています。仕事にゴールなどありません。「目標が達成できた」で終わりではないのです。ずっと改善を続けながら、いつまでもどこまでも続けないといけないのです。

マリオット・ホテルチェーンのJ・ウィラード・マリオット・ジュニアはこう述べています。「本当に素晴らしい仕事をしてきたじゃないか。ここらで一服してもいいはずだ」と言うと、父の答えはいつも同じでした。「とんでもない。もっともっと前進して、もっといい仕事をしなければ」

みなさんのような経営者は孤独です。誰も褒めてくれませんし誰も励ましてくれません。自分で自分を励ますしかないのです。

静止して動いていない物体には移動エネルギーがありません。新たなエネルギーが与えられて、初めて物体は移動します。

チャレンジするということは、新たなエネルギーを投入することに他なりません。会社を成長させ、発展させ続けていくためには、新たなエネルギーを投入するという強い意志が必要です。

こうしてエネルギーが投入されていくことで、エネルギーがエネルギーを呼び、外からも新たなエネルギーが近寄ってきます。エネルギーとエネルギーは引き寄せ合うからです。

これは会社という組織だけではなく、人間についても同じことが言えます。エネルギーを何も発せず、家に引きこもって誰とも言葉を交わさない人、ただ生きて食事をして寝るだけ、そういう人には誰も近寄ってこないのです。

一方、仕事に対しても社会に対しても人に対しても、さまざまな対象に働きかけている人はエネルギーを発しています。そういう人には新たなエネルギーが集まってきて、さらに大きな働きかけの力となり、大きなエネルギーが生まれます。

会社も人も同じです。エネルギーを発していけば新たなエネルギーが集まってくるのです。

みなさんの会社はエネルギーを発していますか？　それはどんなエネルギーなのでしょうか。

あなた自身はどうですか。あなたの会社の従業員はどうでしょう。

こうしてエネルギーについて考えていけば、物事の本質が少しずつ見えてくるのです。


今日では、トップから末端にいたるまで組織に属するすべての人が、自分の仕事のやり方や自分が責任を持つ仕事の進め方を改善していかない限り、組織に利益をもたらすことはできません。したがって、リーダーシップや組織全体でリーダーという存在を開発し、変化を自分のものにすることができて初めて、素晴らしい結果を達成できる組織を作ることができるのです。

変化はすべてのリーダーに挑戦を与えてくれます。変化の波はすべてのリーダーに押し寄せてきています。


いいですか、みなさん。リーダーは、みんなに挑戦しようと励まして改善をもたらすか、あるいは混沌を引き起こすかのどちらかです。優秀なリーダーは、変化を自分のものにし、どんどん変わっていく顧客やマーケットの要求に対応する手段として変化を活用するのです。

野球の神さま、ベーブ・ルースはこんなことを言っています。

「昨日のホームランでは今日の試合には勝てない」

過去に成功をもたらした考え方が、将来も素晴らしいとは限りません。成功体験に溺れてはいけないのです。

みなさんの会社の規模はさまざまだと思います。

大きい組織だとどうしても意思決定が遅くなります。だから、小さなスターフィッシュ型の組織をたくさん作っていくという方法もあるでしょう。その場合、いろんなリーダーが必要になります。

リーダーの役割は、方向性を決めること、意思決定すること、そして責任を取ることです。君がやっていいよ、君が考えていいよ、責任は俺が取るというのが最高のリーダーです。もちろん、勝てるという確信がなければ、自由にやらせてはいけません。どうなるかわからないけどやらせてみようというのではいけません。

ビジネスは命がけの勝負です。勝てないことをやらせてはいけないのです。

大企業の戦略と中小の戦略

「みなさん。日本人の大好きな〝関ケ原の合戦〟の話に思いを馳せながら、考えてみましょうか？」

え、そんなこと知ってるの？　という声が後ろのほうから聞こえた。

アンリ・ジャールは、得意げに「私は歴史小説家の司馬遼太郎のファンですから」と言いウインクをした。そして得意げに、日本の戦国時代の話を始めた。

この戦いは、1600年に関ケ原で徳川家康を大将とする「東軍」と石田三成を中心とする反徳川勢力の「西軍」の行った天下分け目の合戦です。まさかこの戦いの後、日本という国が、徳川家を中心に265年も続くとは、誰が想像したでしょう。

石田三成ら西軍は総勢10万、徳川家康率いる東軍は総勢7万。先に、石田勢が陣を構えたことから、後から到着した徳川勢は不利な布陣となってしまいます。

多くの軍略家は、この布陣を見て西方に軍配を上げます。この戦いの結果は、みなさんご存じのように小早川秀秋らの裏切りによって、西軍総崩れとなるわけですね。

関ケ原にあの当時最大の軍勢が、東西に分かれて集結する。各々自軍の旗印を朝もやの風になびかせ、戦の始まりを待つ。水を打ったような静けさ。人の声は聞こえない。遠くの、馬のいななきが風に乗ってやってくる。人も馬も、草木も風も、その瞬間、武者震いをさせながら待っている。

そして朝一番、霧が少し晴れてきた段階で、西軍の福島正則の部隊が、宇喜田秀家隊に鉄砲を打ち込んだことで火ぶたが切られたと言われています。西軍の多くは様子見で、10万の兵のうち実際に戦闘に参加したのは、3割の3万程度と言われています。

私は、西軍の石田三成の味方です。なぜなら、彼を支持した、島左近と大谷刑部、それに真田幸村が大好きだからです。彼らと石田三成の関係は、強い絆で結ばれていました。

徳川家康が「大企業の戦略」なら、石田三成は中小の戦略です。もし、お互いが3万の兵同士の戦いなら、絶対に島左近や大谷刑部が負けるはずはありません。彼らのつながりが違います。一方の徳川軍は、「三成憎し」で集まった一時的な団結です。

アンリ・ジャールは、子どものように目を輝かせて関ケ原の合戦の話を終え、みんなを見た。

「絆を、言い換えるなら〝エンゲージメント〟かもしれません」

アンリ・ジャールの語りがうまいので、みんなの頭には、10万の兵の鬨の声が聞こえていた。

エンゲージメントで最も大切なことは、「信頼」です。安心して働ける環境であり、将来の見えるビジョンです。それが強いつながりになるのです。実は、これからの企業戦略は、中小の戦略の重なり合いで形作られます。ところが、多くの経営者は大企業の戦略に学ぼうとします。今の時代は、そうではないのです。

もう一度、ご自分の会社の従業員のことを考えてください。みなさん方と従業員とのつながり。あるいは、上司部下とのつながりを……。みなさんの会社で、本気で働いている人が3割以下だとしたら怖くなりませんか？

みなさんが気にかけているとわかれば、彼らは辞めません。本気で必要とされているならその城を出て行こうとするでしょうか？

いつの間にか、組織を動かす歯車にしていませんか？

そして、みなさんの会社の何割の人が、ビジョンに共鳴しミッションをはたそうとしていますか？

もし、上場の目的だけに人を集め、金銀を集めたなら、恩賞ほしさに集まった人だけのもろい集団になってしまいます。彼らは、形勢が不利になった途端、城から逃げ出します。たくさんそうした例も見てきました。そのうえ、注意しなければならないのは、逃げ出す時に子飼いの家臣の心を持っていくことがあります。

もし、社内が乱れている、どうも、チームワークが足りないと感じた時は、もう一度バリューを見直し、ビジョンを確認し、なぜ自分たちがここにあるのかを確認しなければなりません。それこそ「何を」でなく、「なぜ」にフォーカスするのです。そして、みんなと何を成し遂げようとしているのかを言葉で確認しなければなりません。

そうすることによって、新しい絆やチームワークが生まれ、真のエンゲージメントが生まれます。一度痛めた骨は、前より必ず強くなって新しい未来を切り拓くことを信じて。

最終講義の始まり

「みなさん、私の講義の時間も残りわずかになってきました」

アンリ・ジャールは、少し寂しそうにちらりと時計を見た。

壁にかかった時計は、午後3時半を回っていた。みんなも同じように、時計を見ながら同じ気持ちになった。

これから少し振り返りながら、まとめの話をします。

最初に、「幸せ」と「成功」の話をしました。そう、会社が利益を稼ぐために、人が不幸になるのはおかしいし、会社にいる間は、「従業員の顔をし、自分を殺す」なんておかしなことです。人生の大半をそうした状況で過ごすなんて、クレイジーです。

新しい仲間を、迎え入れた時の話は何度もしました。オンボーディングで、大切なことは価値観を共有できる人を雇いなさいということでしたね。

ストレスとは、周りの環境をどう処理するかの脳の働きにあります。たとえばストレスを挑戦ととらえるのか、挑戦ととらえないのかはその人の脳にかかっています。

したがって、どういう人を仲間に入れるかが問題になってきます。ポジティブな思考を持つ人を採用するのがいいでしょう。

「Are you happy?」あるいは「Are you lucky?」と、面接の時に質問してもいいでしょう。過去をすべて「善」ととらえている人は、「Happy!!」と答えるし、「Lucky!!」と答えるでしょう。周りの人たちによって、ポジティブな空気を充満させましょう。

そのためには、「中核となる価値観」が必要です。価値観とは、行動の基準となる考え方です。この考え方は、オーナーの考え方です。創業者の考え方です。そのことを高らかに言えばいいのです。そして、一つずつ自分たちの行動に照らして、今ある企業文化、たどり着きたい企業文化を模索するんです。企業文化は、与えられるものでなく「作り上げる」ものです。

もちろん、価値観は普遍的なものです。そして行動は表現です。

人によって、行動表現は少しずつ違います。マニュアルは、この行動表現を体系化したものです。そうしたマニュアルだと、現場での変化やアクシデントには答えることができません。

次に、エンゲージメントです。これは今のお話でもわかるように、「従業員同士の強い結びつき」です。

そしてこの強いつながりは、その会社が目指しているビジョンによって示されるものです。ビジョンを示せるのは、オーナーであり経営幹部です。

これらを少しわかりやすくまとめたものがありますので、みなさんにお渡しします。

図表4-1　七つの戦略のキーと従業員のエンゲージメント

方向性 Vision	技術 Skills	動機づけ Incentives	資源 Resource	実行計画 Action Plan	使命 Mission	価値 Value	
×	○	○	○	○	○	○	→混乱する
○	×	○	○	○	○	○	→不安になる
○	○	×	○	○	○	○	→変化が緩慢になる
○	○	○	×	○	○	○	→欲求不満になる
○	○	○	○	×	○	○	→フライングする
○	○	○	○	○	×	○	→暴走する
○	○	○	○	○	○	×	→継続しない
○	○	○	○	○	○	○	→成功する

『七つの戦略のキーと従業員のエンゲージメント』という表があります（図表4－1）。

これを見てわかるように、この七つのキーのどれかが欠けても成功はしません。これらが人々を鼓舞し、みんなでビジョンを達成できる状態になるために必要なものです。

二、三説明しますと、「技術」がないと不安になる。これはわかりますね。その技術もないのに、儲かりそうだから突然新しい分野に飛び込んで、倒産してしまう会社も後を絶ちません。

「動機づけ」は、わかりやすく短期、中期、長期と見るのがいいでしょう。

「3年以内に上場するぞ！」これなどは、わかりやすい動機づけです。

これからの経営で必要なことは、自らが自発的に動くようにならなければならないし、従業員目線というものを持ち合わせていなければならない、ということです。

「What's in it for me?」

という言葉をお話ししました。つまりそれは、従業員にとってどんな意味があるのかを示さなければならないのだと思います。

「役職」や「出世」あるいは「モノ」では、人をひきつけることはできない時代になりました。しかし、誰もが「人の役に立ちたいという前提に立っている」ということを基本にしなければエンゲージメントカンパニーは、築けません。

エンゲージメントカンパニー

これからの時代のキーになる言葉が、「エンゲージメントカンパニー」です。従業員同士が強い絆で結ばれている状態です。

・誰を雇うか
・誰をクビにするか

・部下をどう評価するか
・誰のボーナスを多くするか
・誰を昇進させるか

私たちの会社は、どんな人材を求めているのかを言葉にしなければなりません。「大急ぎで採用して、ぐずぐず解雇する」というのが最もやってはいけないことですが、多くの会社でそういう間違いを犯しています。

最高の人材を見つけ出すこと、評価すること、昇進させることは難しいかもしれません。しかし、こうしたことは一部の経営陣が決定づけるよりも、多くの従業員によって推奨されるのが望ましいのです。そうした環境が整えば、チームワークは自然と作られていきます。

これからの会社は、従業員を与えられた仕事だけをこなす機械のように扱うのではなく、会社やチームの成功のために、必要なことはなんでもやり抜く経営オーナーのように扱う勇気が必要です。多くの従業員は、自分たちの仕事は重要だと考えて仕事をしたいと思っています。それがエンゲージメントカンパニーの源泉です。

しかし、「手にしている道具が金槌だけだとすれば、あらゆるものを釘のように扱いたくなる」と心理学者のアブラハム・マズローはこのように言っていますが、この言葉は、リーダーが最も反省すべき点です。

目標は、全員が見えるようにする。社長も経営幹部も、今日入った従業員でも見えるようにすることが、多くの従業員のエンゲージメントを高めます。

困っている従業員には手を差し伸べます。最強の従業員の行動と言動のモデルも作ります。

これからのエンゲージメントカンパニーで、「核」となる五つの考え方をお話しします。

①チャレンジ（Challenge）

絶対に必要なことは、チャレンジです。未来の環境や生活習慣、技術の進歩を予測しながら社会に貢献できる、製品・サービスそして情報を作り上げていかなければなりません。多くの会社は、リスクを取り除こうとします。しかし、企業はリスクを負っていなければなりません。このリスクが脳細胞を活性化させ、創造性を生むのです。

このチャレンジがすべてのベースになります。私たちの会社のチャレンジは？　私の部署のチャレンジは？　私自身のチャレンジは？　これを誰に質問しても言えなければならないし、経営者も自分のチャレンジを従業員全員にわかるようにしておくことも大切です。このみんなに見える目標は、ストレッチ目標（あるいはＯＫＲ）が一番いいのです。そしてこれが、誰にでも見えるようにしなければなりません。

図表4-2 七つの質問

No.	項目	←全くその通りでない				全くその通り→
1	チームの中でミスをすると、たいてい非難されることが多い	1	2	3	4	5
2	チームメンバー間で、困難な課題を指摘し合えることができる	1	2	3	4	5
3	チームメンバーは、自分と異なることを理由に、他者を拒絶することがある	1	2	3	4	5
4	このチームなら、リスクのある行動をとっても安全である	1	2	3	4	5
5	他のメンバーに対して、助けを求めることは難しい	1	2	3	4	5
6	このチームには、私の努力をわざと無下にする行為をする人は誰もいない	1	2	3	4	5
7	このチームのメンバーと協力して、個人としてスキルや才能が評価され活用される	1	2	3	4	5

②ファミリズム（Familism）

ファミリズムで最も大切なことは、仲間に対して気兼ねなく発言ができ、本来の自分をさらけ出せると感じられるような状態や雰囲気です。このことって、自分が自宅で家族に囲まれている時とほとんど変わらない状態だと思います。ある時は相互依存であり、無償の愛ということにもなります。多くの新興企業の中で最も中心となっていることが、このファミリズムです。

最近では、「心理的安全性」という言葉で、エイミー・C・エドモンドソン教授が提唱していますが、表の「七つの質問」に答えてください。多くの回答が正しい回答になるように努力してください（否定と肯定文が混ざっていますが、理想の形を選択してください）。

③オープンネス（Openness）

隠し事のない、いろんなことが見える環境をいいます。二つの側面から。

1　経営情報の開放

売上や利益（あるいは粗利まで）の数字の公開。未上場の場合は従業員と約束のうえ、ある程度の情報を公開する。経営方針。目標数字。限界利益。将来の目標数字など。それと、経営に対する考え方や基本行動。会社の歴史やミッション。

2　自己開示性

従業員同士が、自由にありのままに自分の情報を公開しても、他者から意図的な攻撃を受けない状況。個人のプロフィール。考え方。趣味。特技。スポーツ。誕生日。家族。ストレッチ目標（あるいはＯＫＲ）や目標。

④オーナーシップ（Ownership）

経営者のように考える。会社の目指す方向性に向かって決断し、会社の大事にしている価値観を壊さないこと。そして一番大事なことは、当事者意識を持つことです。上司からの指示を待つのでなく、自発的に考え行動することです。

・儲けの源泉を考え、利益を出す
・全体最適で考え行動する（従業員、お客さま、利益）
・常によい方向に向かっているかを考える
・誰も代われないものを創り出す

⑤リーダーシップ（Leadership）

リーダーシップとは、フォロワーを一方的にぐいぐい引っ張っていくことではなく、目標や目的に向かって自らが動こうとする動機づけを与えることです。そして、このリーダーシップは、従業員全員が持ち合わせていないと組織は衰退します。将来のビジョンをみんなで共有すると同時に、変革を推進していきましょう。どのような〝役割〟と〝責任〟を、自らはたせばよいかを理解し行動することです。

・統合的な学習
・チーム学習
・価値観の統一
・自己成長

これらがこれからの企業の、中心となる価値観です。

アンリ・ジャールは、これらを説明すると、もうこれ以上みなさんにお話しすることはありません、と言って目を閉じた。

「みなさん、池の真ん中にある小さな岩を想像してください」

この岩には、3匹のカメが甲羅干しをしていました。

だいぶ長い時間甲羅干しをしていたので、そろそろ池に飛び込もうかと3匹のカメは思いました。

「みなさんへ、質問です。さて、今、岩の上には何匹のカメがいますか?」

IT系の若い社長が、飛び込もうとしたんだから「ゼロ、もういないんでしょう?」と、さも当然と言うように言いました。

銀座のクラブの経営者が、「思っただけだから、まだ岩の上には3匹いるわ」と言いました。

アンリ・ジャールは、そうですねというようにうなずく。

「みなさんはまだ岩の上にいます。思っただけで、まだ飛び込んではいません」

みなさんの明日からの行動が、会社を変え、従業員を変え、社会を変えます。これからとても長い道のりです。

これにて私のすべての講義を終わります。

CHAPTER
4
Summary

- 明確なビジョンと強い意志があれば、チャンスは向こうからやってくる。

- 頻繁に声をかけるタッチベースでエンゲージメントは高まる。

- リーダーは常に挑戦し続けると同時に常に変わらない価値観を持つことが必要である。

- 会社を成長させるには、変化を恐れず、変化を受け入れ、推進していくエネルギーを持つこと。

- 従業員を自分の手足として使うのではなく、意欲やアイデアを受け入れるのがリーダーシップである。

おわりに

教室から全員の拍手が聞こえます。中には、我慢できず、立ち上がってアンリ・ジャールのもとに駆け寄った者が何人もいるようです。

さて、「はじめに」に書いた「泳げない人間を、深いプールの真ん中に投げ込んだらどうなるでしょう?」の意味が理解できましたか?

私たち人間は、性懲りもなく同じ過ちを犯しています。戦争は未だ終わらず、政治家は自らの利益のために動き、またある時は大衆に迎合し、生き死にを繰り返しています。企業も同じですが、政治家と違うところは保証されていないということでしょうか。政治は国家が続く限り保証されますが、企業はそうではありません。

「企業とは、リスクを背負い、自主的に判断し、製品、サービス、情報を生産して、利益を得る人間の組織体である」と、元佐賀大学学長の上原春男先生は『成長の原理』(アックスコンサルティング)の中で記しています。

リスクがないと、人間の脳細胞は活性化しないし、人間はリスクがないと労働意欲が湧かない。労働意欲が湧かないと、労働や学習をしない。そして価値あるものも生まれないと。

ここにすべての原点が今でもあるような気がします。まだ、上原春男先生が存命の時に、「リスクを負っていないと、企業は潰れるよ」と言われた衝撃は、未だに忘れることができません。「なぜ、銀行が潰れるかわかりますか?」「なぜ、学校が危ないかわかりますか?」。それはリスクを負っていないからです。リスクとは今を変えようとチャレンジすることです。

本書の中で、いくつか上原先生の言葉をお借りしました。また、『ザッポスの軌跡 The Zappos Miracles―アマゾンが屈したザッポスの新流通戦略とは―』(石塚しのぶ、東京図書出版会)、『ビッグ・ポテンシャル 人を成功させ、自分の利益も最大にする5つの種』(ショーン・エイカー、徳間書店)、『ワーク・ルールズ! 君の生き方とリーダーシップを変える』(ラズロ・ボック、東洋経済新報社)、『NETFLIXの最強人事戦略~自由と責任の文化を築く~』(パティ・マッコード、光文社)、あるいはサイモン・シネックからも多くの気づきをもらいました。もし、機会があればこうした本にも目を通すと、また違った気づきが生まれてくると思います。

本書は、ワイン好きのアンリ・ジャールの講義という新しい形でお届けしましたが、みなさまの経営の一助になれば幸いです。

さて、本当の最後は、アンリ・ジャールの語りを借りながら、イタリアのスパークリングワイン、カ・デル・ボスコのお話をして、あとがきに代えたいと思います。

イタリアのスパークリングワインと言えば、スプマンテにプロセッコを思い出す人が大半でしょうが、フランチャコルタというスパークリングワインがあります。多くのスパークリングワインは、ガスを吹き込む方式が多いのですが、フランチャコルタのスパークリングワインは、シャンパーニュと同じ昔ながらの手法で、瓶内二次発酵を用います。

そのフランチャコルタの中のカ・デル・ボスコに行く機会がありました。

イタリアのロンバルディア州のイセオ湖畔に面した、フランチャコルタに名門のカ・デル・ボスコがあります。カ・デル・ボスコは、森の家という意味があり、もともとは、家族の週末の別荘程度に考え購入した土地でした。もちろん当時は、ブドウの木は1本も植わっていません。

現オーナーのマウリッツィオ氏が、ワインづくりに目覚めるきっかけは、「どうして、フランスのシャンパーニュのワインはバカ高く、イタリアのスパークリングワインはどうしてそんなに安いのか?」という疑問からでした。

そしてすべてをフランス式に変えたワインづくりを始め、しかもそれを自分ひとり占めにするのではなく、フランチャコルタの多くの若者を誘ってシャンパーニュ方式を採用し、チームワークの力で、フランチャコルタをイタリア屈指の最高級スパークリングワインに育て、多くのファンの心をつかみました。

これがエンゲージメントの次に大事なチームワークです。誰もが素晴らしいチームワークの会社で働きたいと願っているという、言葉を信じてください。

では、このカ・デル・ボスコの栓を抜き、みなさんと一緒に新しい企業価値を創り出すために、フランチャコルタのグラスでアンリ・ジャールにありがとうを捧げたいと思います。

APPENDIX

「人材開発部門」のための活動ノート

人材開発の役割と意義（取材レポート）

２０２０年春。オリンピックイヤーのこの年に、コロナウィルスによる感染被害がここまで広がると、誰が予測したことでしょう。３月には、ギリシャで聖火採火式が行われ、４月には日本中を聖火ランナーが走っていると――。そして、日本のいろんな町中で聖火を待ちわびる、歓声の沿道――。それも令和2年4月7日、新型インフルエンザ等対策特別措置法に基づく緊急事態宣言が発令され、潰えてしまいました。

私はこの10年、アメリカのＨＲ（Human Resources／人的資源）の事情をつぶさに見て、海外のＨＲ情報をみなさまにお伝えしようと、２０２０年の2月から執筆に入りました。しかし、毎日変わるウィルスの感染情報に戦々恐々としながら、いくつか加筆修正し、この間の変化を見ていました。

今、世界のビジネス界、それもＨＲの世界においてデジタルテクノロジーによる破壊的変革が起きています。ここでいう、ＨＲは人事の部門であり、人材開発のことを指しています。〝人材開発部門〟は日本ではまだ馴染みのない部署ですので、後で詳しく説明します。

これまでの会社経営の常識では通用しない変化が、アメリカの多くの会社を襲いました。それまで裏方として地味な仕事をしていた、人事部門の人たちの重要性が増し、多くの先進企業が人事部門の役割を見直すという改革に乗り出しました。

かつて、「フィンテック革命」という言葉が多くの雑誌やマスコミのニュースで取り上げられました。フィンテックとはFinance（金融）とTechnology（技術）の融合を表す造語です。「決済」「融資」「資産運用」といった銀行の聖域業務を脅かすほどの革命で、今も大きな変化の中、着々と新しい技術革新が進行しています。

そして同じように、HR Techによりアメリカでは本当に大きな変革が行われました。

私は、2019年10月ラスベガスで開かれた、HR Techに参加しました。このカンファレンスは22回目を数え、40を超える国から1万人以上が参加する、世界最大のHR Techです。展示会場には、なんと500社近い企業が出展していました。

なぜそんなにも多くのテクノロジーが、HRの領域に入ってきたのかを理解すれば、日本の企業や人事部門のこれからの進化が見えてくるかと思います。

株式市場を見ても多くのIT企業の台頭により、多くのサービスや手続きがITに取って代わってきているのが現状です。HRの業界もまた同じ道をたどっているのだということを理解してください。

今回のコロナ禍の中で、いち早くリモートワークが推進できた企業と、そうでなかった企業の結果が見えてきましたが、ＨＲ部門もテクノロジーの後押しを活用するしかないという結論になるかと思います。

仕事はどこでもできるようになるし、会議のために一堂に会することも必要なくなります。経営者や経営幹部の不安は、こうした中、何から手をつけていいのかわからない、ということかと思います。

ここで、そのHR Techで行われたジョシュ・バーシン氏の講演時のスライドから、アメリカの20年間のHR Techの世界を解説します。

ジョシュ・バーシン氏の講演の中で用いた、左の図をご覧いただくとわかるように、主要ソフトの大きな変化は、［自動化］→［統合］→［エンゲージメント］→［パフォーム］の流れになっています。

第一世代は、なんと今から20年以上も前に始まりました。大きな変化は、タレントマネジメントからエンプロイー・エクスペリエンス（or ワーク・エクスペリエンス）へと変わってきました。タレントマネジメントとは、人を資源として持てる才能や素質を開発するために、人

ジョシュ・バーシン氏の講演スライド

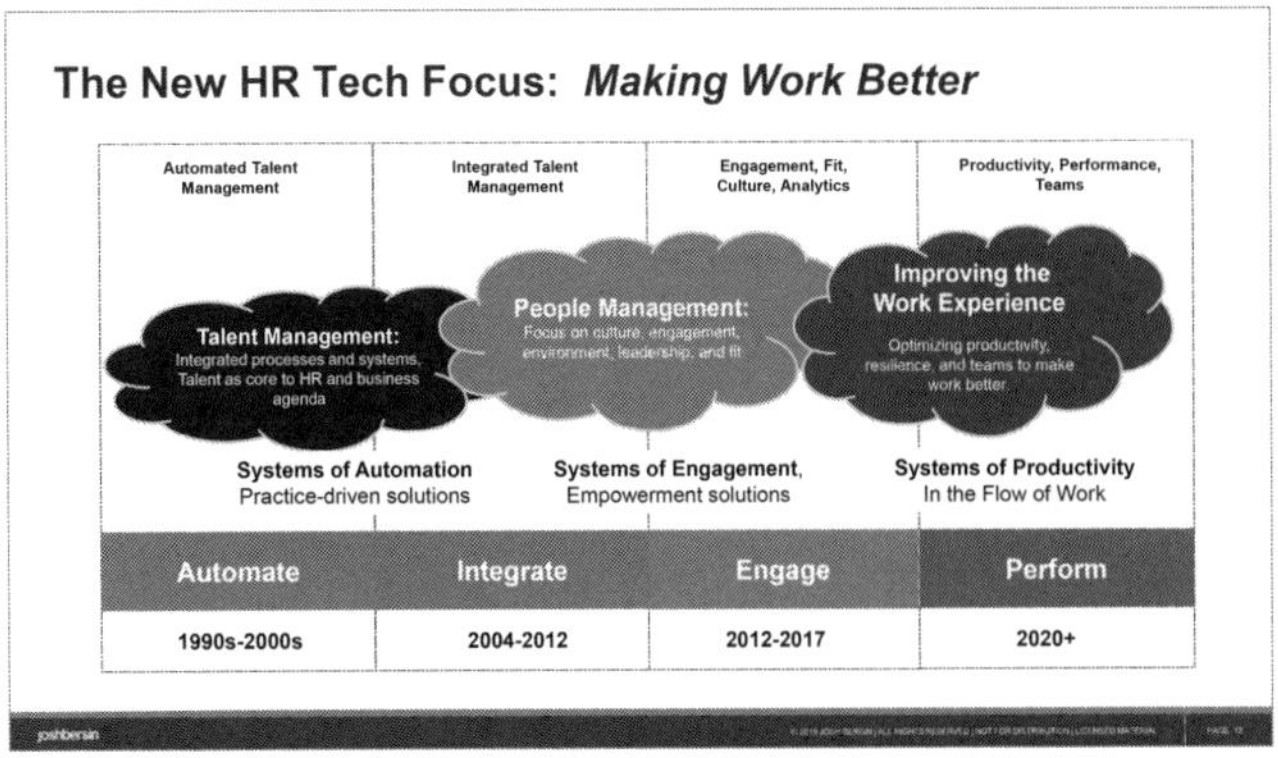

出典：2019 JOSH BERSIN | ALL RIGHTS RESERVED |
NOT FOR DISTRIBUTION | LICENSED MATERIAL

Josh Bersin（ジョシュ・バーシン）氏
Josh Bersin氏は、企業の働き方、人事、リーダーシップ、また最新のHR Techマーケットを研究しており、世界で有数のHR業界の先導者として知られています。

事部門が一元管理することによって、従業員の能力を活かしていこうというものでした（日本では、まだこの状態の整理を始めている企業が大半です）。

具体的には、採用時の個人情報の管理から職務経歴などの管理をすることにより、適材適所を実現していこうというものです。

ところが、アメリカでの今一番のトレンドは、エンプロイー・エクスペリエンスです。従業員の仕事や職場環境におけるいろんな体験から、エンゲージメントを高めていこうというものです。もちろんその下地に、エンゲージメントを醸成する機能があっての話です。本文でこのことは、たくさん触れてきましたが、要は、従業員を管理するという目的から、従業員自らに仕事における素晴らしい体験をしてもらおうというものです。つまり、管理からの解放（自主的な仕事への取り組み）へとこの数年大きな舵を切りました。平たくいえば、従業員にもっともっと会社を好きになってもらい、もちろん会社も一緒になってその実現に努力していく。会社が一方的に教育を施すというスタイルでなく双方向で、パフォーマンスを上げていくということです。

そしてHR Techは、人事部だけが使うものでなく、そこで働く従業員一人ひとりが使うためにあるという考えが今の結論です。

昔、中央にあるコンピューターをホストと称し、他を端末と言いました。この関係は主人（ホスト）が中央にあり、端末を操作する人（召使い）がその下にいるという考え方です。今は中央にあるコンピューターをサーバーといい、端末を操作する人をクライアントといいます。クライアントは、顧客であり依頼者です。そしてサーバーは、それに尽くし、仕える人のことです。つまり、主従の関係が逆になり、端末を操作する人がサーバーに対していろんな指示を出すという考え方です。したがって、人事部門も指示管理する部門からみんなを活かす部門へと変わっていかなければなりません。

この考え方は、ここ4～5年で急速に高まり、人事部が行う仕事として「オンボーディング」や「エンゲージメント」という言葉が日本にも入ってきました。

オンボーディングは、新しく組織に加わった従業員をいかにして効率的に組織で機能させるかということであり、エンゲージメントとは、組織のビジョンに向かって従業員が積極的に企業活動に参加する状態です。

エンゲージメントを高めると、従業員が辞めない、生産性が上がる、リファラル採用（従業員の紹介）がしやすくなるなど、たくさんのメリットがあります。

新卒社員は、1年に10パーセント以上の人が退職し、2年で20パーセント以上。3年で30パーセント以上の人が辞めています。

TVでは、転職サイトのコマーシャルが数多く流されていますが、転職市場は彼らにとって、最も儲かるビジネスなのです。一部の資料では転職者300万人、その経費はなんと1兆円以上かと思われるから桁外れの金額です。

もういい加減、「採っては辞め」「採っては辞め」を繰り返さず、今いる従業員を定着させることに本格的に取り組んでみてはいかがですか？　というのが私の考えです。

「今の若い人は、転職は当たり前なんだよ」という言葉をよく耳にしますが、その若い彼らの言葉を、経営層や人事部は真摯に受け止めているのでしょうか？

政府主導の働き方改革、どこかがおかしいと思うのは私だけなのでしょうか？

もちろん制度上の問題は解決していかなければなりませんが、「働く」ということの本質に、もっと目を向けていかなければなりません。そのあたりは、本文で多くのページを割いて本質に迫りました。

ところで、今は常にコネクティビティの状態にあり、私たちは誰もが24時間インターネットに接続できオンライン状態にあります。

リモートワークで自宅にいてもお互いがいつでもつながるようになり、会社に行かなくても十分に仕事ができる環境を手にすることができました。

話を元に戻しますが、アメリカで、オンボーディングやエンゲージメントという言葉が使われてきたのには、三つの背景があります。

1　ミレニアル世代への対応（彼らを理解し、彼らと働いていく）
2　採用環境の変化（競争が厳しくなって、よい人が採れなくなった）
3　採用費用の高騰（新しい人を採るより今いる従業員を手厚くサポート）

20年後の会社を担うのは、今日採用した新入社員です。そこに合わせていこうというのが、ミレニアル世代への対応です。

彼らは、生まれた時、あるいは多感な青春時代を自由にタブレット端末を使いこなし、24時間世界中の人とつながる術を持っていて、自由に発信することも可能です。ところが、社内のＩＴシステムは旧態依然としたものが多く、誰もが自由に使える環境を用意しているモノではありません。

会社での社内イントラネットも古く、会議室予約やワークフローあるいは、スケジュール管理程度が機能しているだけ。これらは20年以上前のアメリカで流行ったシステムのママです。スケジューラーやワークフロー程度なら、誰もが使っているオフィス３６５やジースイートでも十分に機能をはたします。本来的に従業員の必要とするHR Techを導入するべき時だと思います。

リモートワークの時代では、みんなが一堂に集まる必要もなくなりましたがコロナ禍の自宅待機の中、リモートワークに慣れていない、「不安なおじさんや暇な人たち」が様子見に出社しているという笑えない実態も浮き彫りになりました。

社内掲示板も古いシステムのママで、誰が見ているのかもわからない情報を流し続けていますが、今はすべてが1対1の原則です。

フェイスブックもツイッターもユーチューブも、個が発信し個が受け止めるスタイルです。人事部の誰かが情報を流せば、それにすぐに反応できるシステムがエンゲージを高める手法なのです。

社長の訓示も、読む人が何人とすぐにわかり、むしろ週末の楽しいイベントのほうが社長の話より既読数が多ければそれが現状なのだということです。そういうことが手に取るようにわかる状態にあれば、リモートワークによってエンゲージメントが下がるということも少なくなるでしょう。

次に、採用環境の変化、採用費用の高騰について触れますが、アメリカで同じ現象が5年以上前に発生し、人事部門の役割が大きく変わりました。

第一に、人材の流動性がありまます。会社を辞めることに抵抗がなくなり、スカウトや人材紹介会社などの背景もあります。そのことによって人が辞め、そのうえ採用が厳しくなりました。

それと、キャリアパスという考え方。自分自身のキャリアアップのための道筋を、どうつけていくかということです。どのような仕事をどれくらい経験し、どのような能力をどの程度つけるかといった、これまで会社から押しつけられたキャリアパスを、自らが切り拓いていこうというものです。

こうした結果、「採る」から「活かす」への変化が求められるようになったのです。

その変化を実現するには、エンゲージメントサーベイやオンボーディングといったことを、仕事としてやる部署が必要になりました。

そして次は、チームマネジメントにより、最大限に生産性を高めるには、ネットワークで結ばれたチームの団結力でエンゲージメントが高まるのだという結論に達しました。

日本では、企業の人事部門の主な仕事は採用に比重が置かれていて、何人採ったかが数字目標になっているのが実態です。しかし、実際には現場とのずれにより、「採っては辞め」を繰り返していて、採用そのものに疲弊してきているような現状があります。

図表5－1は、2020年の1月に東京で行ったセミナーでのアンケート結果です。ダントツで、エンゲージメントを高めたいという項目にチェックしているものの、実際にはどうやっていいのかわからないという結果でした。上位三つはすべてコミュニケーションに関わることです。この改善が新しい解決を生みます。

また、管理職のマネジメント改善はなかなか難しく、これもHR Techに頼り、上司部下のコミュニケーションの改善を図るのが一番であるという結論に達しています。

次に、日本のHR Techの状況をかいつまんで話せば、ほとんどがまだ求人採用にフォーカスされていて、エンゲージメント関連にはほとんど投資されていません。

アメリカのHR Tech市場の規模を金額で見ると、2018年で1432億円。それに対して2019年の日本のHR Tech市場の規模は355億円となっているので、人事部門のＩＴ化がいかに遅れているのかがよくわかります。

友人のブーマーコンサルティングの代表である、サンドラ氏の話をもとに人事部門の仕事を以下の三つに振り分けてみました。

図表5-1　現在の社内課題（事前アンケート結果）

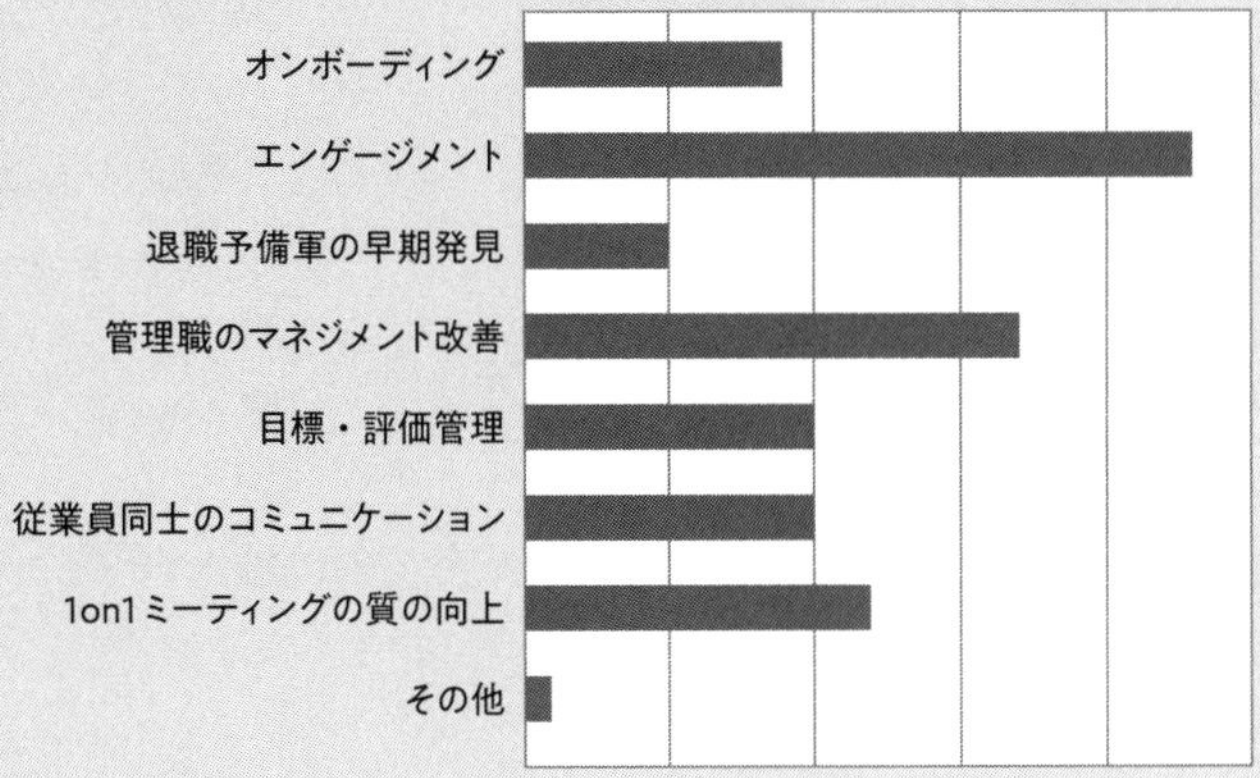

①コンプライアンス
給与計算、福利厚生、採用・退職の届け出、人事管理

②採用、教育、配属、評価（昇格、昇給）
採用から教育カリキュラムの作成、評価

③人材開発部門（新しい部署）
オンボーディング、エンゲージメント、パフォーマンス管理

これが一般的な人事部門の大きな仕事です。ですが、ほとんどの会社で「採用」し「教育」し、「退職」し、また「補充」しを繰り返していることと思います。

人が採れる、いつでも替えが利く時代では、これでも問題はありませんでした。

図表5-2　海外HR Techマーケット状況

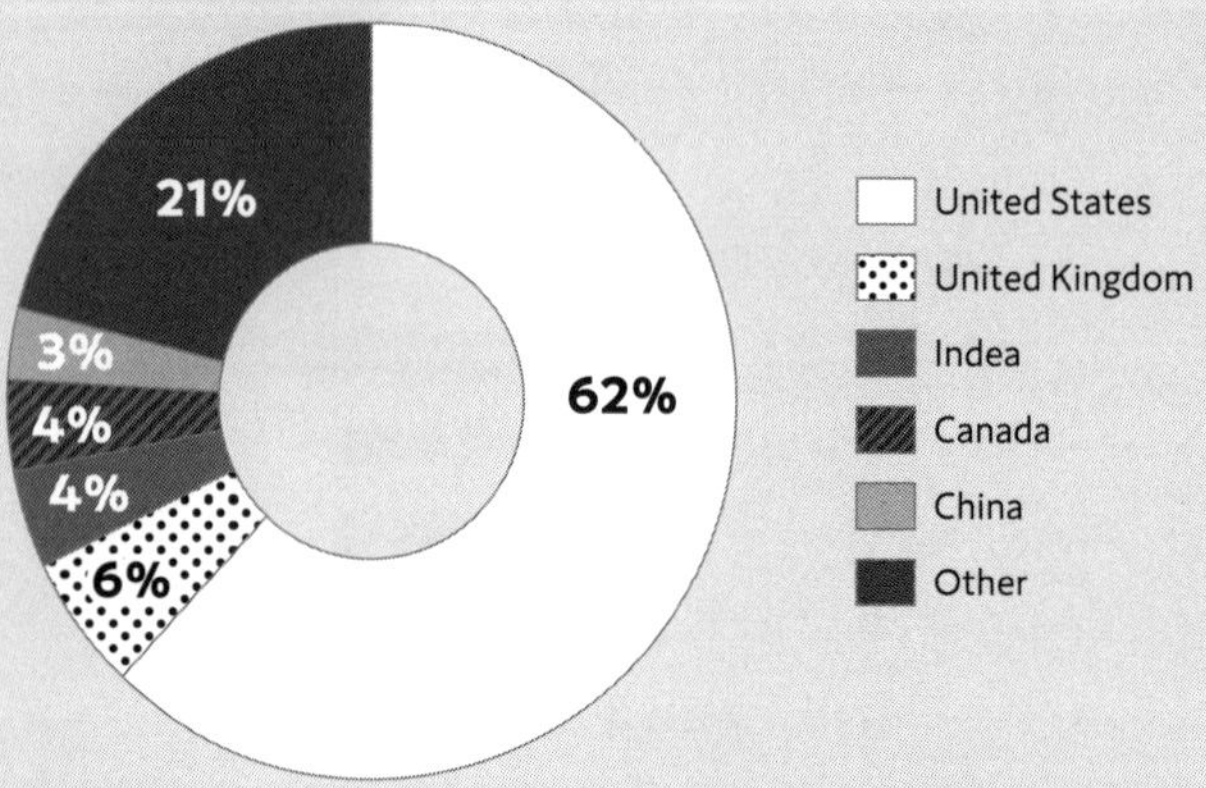

出典：Working Remotely: 65+ HR Tech Startups Outside The US In One Infographic

P260の図表5－4は、これまでの人事部門の仕事を課題別に整理してみたものです。

私が初めて、「エンゲージメント」というテーマをAICPA（米国公認会計士協会）のカンファレンスで聞いたのは、もう5年以上前のことです。

会社と従業員との強い結びつきが必要というわけです。しかもそれを担う部署が機能し始めた時でした。

その時代背景は、「人材の流動性」。つまり優秀な人を採用してもすぐに辞めてしまう。それともう一つは、採用そのものが厳しくなってきた時でした。

日本では、まだこうした部署を抱えている会

図表5-3　日本のHR Techマップ

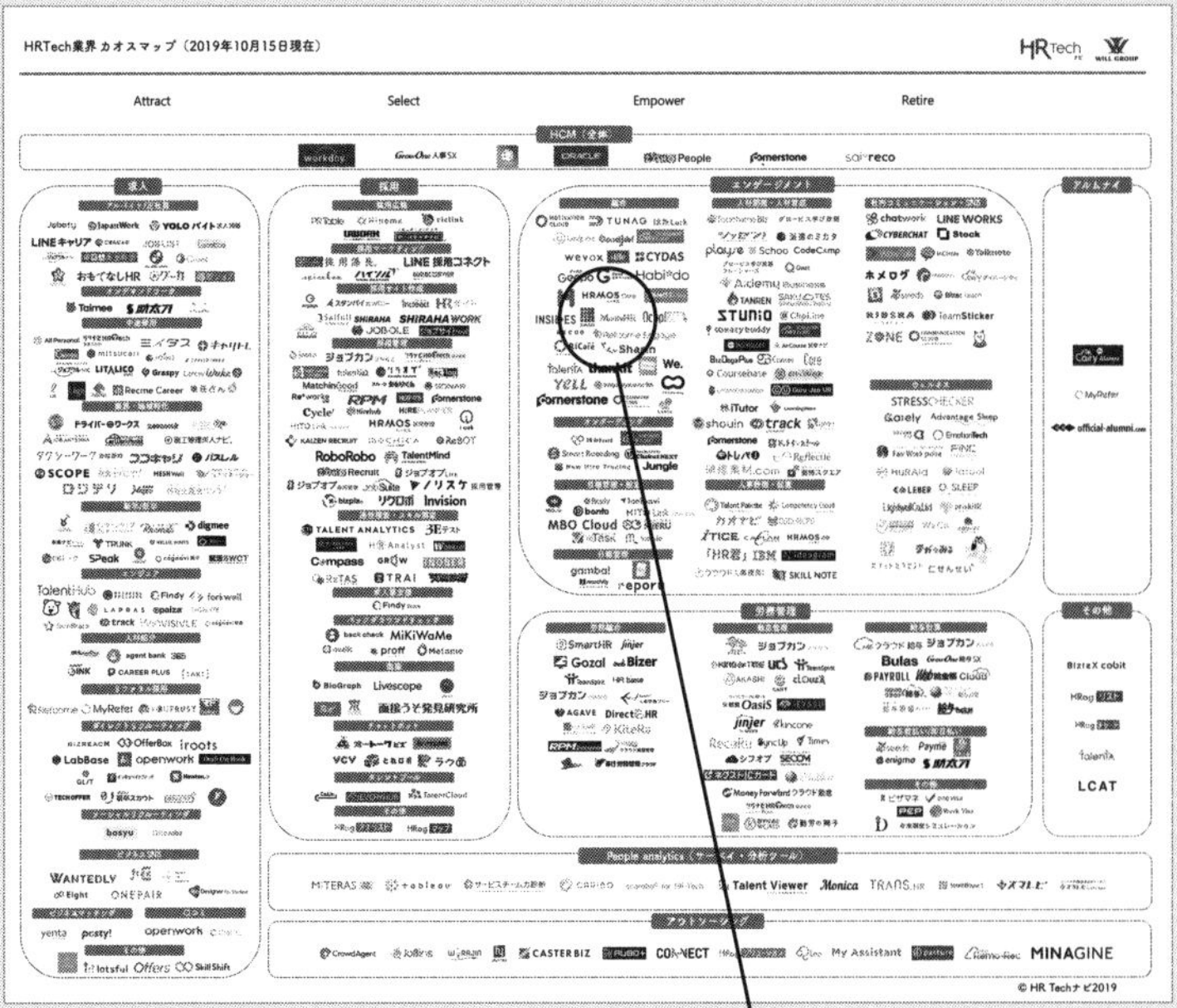

出典：HR Techナビ2019

Motify（モティファイ社開発）は2016年7月にリリースされ、Jungle（弊社開発）と2019年10月に統合して、MotifyHRになりました。

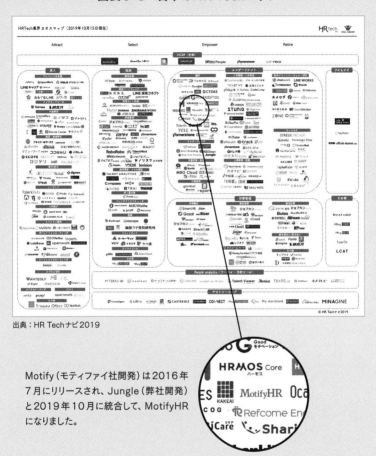

図表5-4　人事部門の課題の整理

人事管理	人材管理
・入退社手続き ・福利厚生 ・教育／専門スキル	・エンゲージメント ・オンボーディング ・OKR ／ 1on1
教育	**目標管理**
・入社教育 ・企業文化 ・スキル教育	・絶対評価 ・相対評価 ・賞与・昇給・評価

社は1%にも満たないのではないかと、感覚値で思っています。人材開発部門のやるべきことは、本来は経営陣のやるべきことなのです。だから、冒頭で人事部の仕事が重要性を帯びてきたと書きました。

　世界のHR Techの図（図表5－5）を見ても明らかなように、人材開発部門のサポートをするソフトが次々と開発されています（この中のMotifyHRは、弊社がリリース。日本語、英語、ポルトガル語に対応できるようになっています）。

　少子高齢化が進む日本では、海外からの優秀な人材も取り入れなくてはなりません。未だ、時代遅れの経営陣が若者たちに訓辞を垂れるという時代錯誤な場面をよく見かけますが、一方

図表5-5　世界のHR Tech

コンプライアンス
（給与計算、福利厚生、採用、退職、人事管理）

bambooHR
ZOHO

学習・成長（L&D）
（教育、研修、カリキュラム）

saba
cornerstone
BRIDGE
sumtotal.

人材開発
（オンボーディング、エンゲージメント、目標管理、1on1）

MotifyHR byACCS
15Five
QUANTUM WORKPLACE
Culture Amp
GLINT

日本で人材開発の統合ソフトは、MotifyHRのみ

通行ではなく、インタラクティブに彼らと共に歩むしかないのです。

若者をメンターとして経営幹部がアップデートしている会社もありますが、時代遅れのおじさんの話を聞かせている会社との将来はおのずと見えてきます。

リモートワークが始まって成果が見えてきたら、「やっと満員電車から解放された」と言う声を聞きました。古い会社では、非常事態宣言の中、「印鑑」を押すために出社するという滑稽な話も聞きました。まさに本末転倒です。

今の世界は、VUCA（Volatile「乱高下が激しく」）、（Uncertain「不確実で」）、（Complex「複雑で」）、（Ambiguous「曖昧」）と呼ばれる予測不能で混沌とした状態です。一寸先は闇。どんな大企業でも5年先どうなるかは誰にもわ

からないという、まさに嵐の中の航海と同じ危険をはらんでいます。

テクノロジーはすごい勢いで進化し続けていますが、忘れてはならないのはそれを使いこなすのは、私たち人間だということです。

リモートワークによって一番大きく変わったのは、「時間管理」から「成果管理」へと比重が動いてきたことにあります。このことによって仕事のできる人と、仕事のない人の差が明確にわかるようになってきました。ただし、ここで一番気をつけなければならないのは、若い従業員のメンタルやエンゲージメントです。それは、確かに隣に座らせ、あるいは向かい合って教えていく必要があるからです。

多くの人々は、こうした変化を好みません。これまでと同じやり方で時が過ぎてくれればいいと思っています。それが自己満足なのです。

自己満足というのは、本当に厄介なもので、自己満足に陥っていることに気づくことは、極めて困難です。自己満足に陥っている会社でも、従業員は一生懸命働いています。誰も手を抜く人はいませんし、サボっている人もいません。

ただ、努力の前提となる市場や競争の条件が根本的に変わってしまっていた場合、その努力は報われないばかりか、逆効果になってしまうこともあります。

自己満足で一番怖いのは、従来のやり方を全く疑わない思考にあるということです。

そして、MITのレスター・サロー教授は、根本的な変化のことを生物学の「断絶平衡」を借りて、次のように説明します。

生物の世界も市場も揺るぎない構造に見えます。しかし、ゆっくりと何かが変わっていき、どこかの時点で、断絶平衡に入るといいます。

要するに、沸点のように、ある日突然変化したように見える時がきます。

本当は、常に小さな変化を続けているのですが……いずれにしても、このように誰の目にも危機が明らかになった時には、変革が、はるかに遅くなるというわけです。

「うちはまだ大丈夫だから」という言葉をある経営者から聞きました。それは「まだ大丈夫だから取り組まないでよい」という意味でしょうか？　本来は、「まだ大丈夫だから取り組まなければならない」はずだと思います。

まさに、HRのテクノロジーの世界は、古いものと新しいものとが混沌とした状態にあります。残念ながら、人事部門の古い考え方の人たちの多くは、こうした変化を一番嫌う人種だと聞いたことがありますが、大きな変化が確実にわかるようになってからでは遅いと思います。よく日本の多くの企業で、問題が起きるとすぐに外部講師を呼んで研修をしたり、幹部だけに研修を施したりします。もちろんそれも大切ですが、対処療法にしかならないと感じています。

会計処理は会計ソフトに頼るように、従業員の人材開発はこうしたソフトの手助けを借りるほうが、早く目的地にたどり着くことができます。

私は、会計士、税理士、社労士、司法書士、弁護士などに向けての、経営やマーケティングのコンサルを行う会社の創業者です。

MotifyHRというクラウドソフトを開発しリリースしました。

なぜなら、これからの企業社会の中では、従業員のパフォーマンスやエンパワーメント、そしてエンゲージメントということが、これまで以上に大切になると感じたからです。それがまさに企業文化を作ることになると思っているからです。

これまでのビジネスのやり方では、不確実な社会を乗り越えていくことはできないし、これまでの「人」が「人」を管理するといった、20世紀のビジネスモデルでは立ちいかなくなってきます。「人」を解放する時代なのです。

なぜなら多くの場合、ビジネスの失敗の要因は、「人間の失敗」だからです。本書がみなさま方の経営の一助になれば幸いです。

著者　広瀬元義

2020年6月25日

タレントサークルでのインタビュー

サンドラ：お疲れさまでした。広瀬さんに来ていただいてみんな喜んでいました。

広瀬：ありがとうございます。みなさんとのタレントサークルはとても楽しい時間でした。少し質問させてください。〝エンゲージメント〟がテーマになったのはいつ頃からですか？

サンドラ：何年も前からあったんだけど、ここ5年くらいで取り上げられるようになってきました。

広瀬：どのような背景があったのですか？

サンドラ：なぜ、エンゲージメントが大切になってきたのかという大きな理由は、多くの人が離職して、別の職についてしまうという問題があったことです。才能や人材の取り合いが起きています。いい才能、いい人材をひきつけないといけません。基本的に、人材不足という現状があります。世代間の話はあまりしたくないけれど、ベビーブーマー世代は多くの仕事をしたいという考え方が一般的でした。でも、ミレニアル世代は違います。だからその世代に合わせていかないといけないのです。

広瀬：〝エンゲージメント〟を短い言葉で説明するとなんですか？

サンドラ：そうですね。コネクション（つながり）になります。仕事と個人とのつながり。その人たちが会社にいたい、会社にいて欲しいと感じているということです。

広瀬：よくわかります。エンゲージメントがエンパワーメントにつながるという理解を私はしていますけど。

サンドラ：私も同じように、エンゲージメントはエンパワーメントにつながると思います。もっと人に権利や責任を与えていくと、その人たちがリードする存在になれる。エンゲージメントによって必要とされていると感じると、自分たちが正しいという自信が持てるからです。

広瀬：では、エンゲージメントを高めるためにすぐに始められることはなんですか？

サンドラ：そうですね。五つあります。

一つ目は、決定に関わってもらうこと。今までは3〜5年経ってから難しい仕事をさせるというのが普通でした。でも、入社当初から、委員会やプロジェクトに参加して、重要な決定に関わってもらうことが大切です。

サンドラ・ウィリー（Sandra Wiley）
リーダーシップ開発、教育分野について高く評価され、チームビルディング（構築・形成）のアドバイスを行う。アメリカCPA業界でもっとも影響力のある人物TOP100、最もパワフルな女性TOP25、エッジイノベーションアワード受賞など輝かしい功績を持つ。人材開発などの著書も多数。

二つ目は、自分が関わっているということがわかると、エンゲージメントを感じることができます。

三つ目は、学ぶ機会があるということを明確にすることです。どんな人であっても、入社当初のレベルにとどまっていたいという人はあまりいないはずです。ですから、具体的にどのように学んでいけるのかをきちんと伝えることが大切です。

四つ目は、実際にはお客さんに直接会ってみたいと思っているはずですが、その機会をしっかりと与えることが大切です。

五つ目は、よいものを提供するということです。たとえば、パソコンなどのスペックが低かったり古かったりするとエンゲージメントが下がります。大学や家のパソコンなどのテクノロジーより、会社の技術が遅れていたらテンションは下がるでしょう。

広瀬：日本でもやっと、採用した人がすぐに辞めてしまうなどの問題に気づき始めたが、解決する際、どこから手をつけたらいいの？　という質問を受けることが多いです。サンドラさんだったらどのように答えますか？

サンドラ：私たちも同じ状況にあります。（大卒の）人は入社から6～8週間でこの会社にいたいかどうかを決めます。実際、最初の60日間で心を決めることが多いです。

決してやってはいけないのは、最初に、あまりにも多くの知識を覚えさせようとすることです。コアバリューというものを説明しつつ、どのようなトレーニングを受けていくかということを明確に示す必要があります。

あなたという人を知りたい、興味があるということを示すことが大切です。個人の環境、たとえば兄弟は何人かとか、犬がいるとか、そういう個人的な情報から始めて、個人のことを知っていく必要があります。仕事で何をするかということだけでなく、どのように、どうしてやっていくのかということも知りたいと思っているということを理解しないといけません。

最終的にはオーナー（社長）を知りたいと思うようになります。オーナーのキャリアがどのようなものかを知りたいと思うようになるのです。

広瀬：流れがよくわかります。面白いですね。まだ付け加えることはありますか？

サンドラ：たわいもないこと（floppy stuff）です。休みを多く与えるとか、何かをプレゼントするとか。そういうことです。要は、企業にとって、自分は大切な存在だと思ってもらうことが大切です。感謝されているということをわかってもらうことです。そのためには、従業員に質問し、何を大切に考えているかを理解することです。

2020年2月、アメリカのアリゾナ州フェニックスで開かれたHRサークルのカンファレンスで、筆者が話している様子

あと、本当にあなたが来てくれてよかったと感謝することです。コミュニケーションを密に取ることです。もし、あなたが本当に会社にとって大切だと思っている人に、最後にいつ感謝したか、「本当にいてくれて助かっている」という言葉をかけたのがいつだったか、思い出せないのであれば、もうだめでしょう。

すごく大切に思っていることは、フレキシビリティ（柔軟性）とリモートワークを提供してあげることです。従業員は時間を自分たちでコントロールしたいと思っているので、会社の内外で仕事がいつでもできるようにすることです。仕事以外の時間も大切にしているから、この二つを提供してあげるのは大事だと思います。

広瀬：今までは会社が従業員を雇ってあげているという考え方でした。でも、今は会社と従業員はWin–Winの関係であるべきだと思います。それについてどう思いますか。

サンドラ：本当にその通りだと思います。昔はヒエラルキーがあって、トップが考えていることに従うというのが基本的な考え方でした。ついこの前まではフラットになったと言われていました。最近ではcollaborative（協働、協力、協調）という考え方になっています。自分の考えや声が聞いてもらえる環境を作ることが重要です。誰かが最後に決定しないといけないけれど、そのプロセスの中で自分の意見がどのように取り入れられているかが大切です。リーダーがどのように関わるかが重要となってきます。

私は、入社した時から、何か気づいたことがあれば言ってもらうように伝えています。会社のトップがそのような環境を作っていくことが大切です。自分の声が聞いてもらえていると感じてもらえるようにすることです。

広瀬：日本では会社から離れるのではなく、上司から離れるということを聞きました。これについては、どう思いますか？

サンドラ：その通りだと思います。人が辞める時は、会社が自分を気に入ってくれていると感じていれば辞める理由にはなりません。でも、その上司がそのような環境を提供せず、コミュニケーションをしっかり取らず、存在価値が感じられないような方法を取っていたらだめです。マネージャーを改善しないといけません。

広瀬：日本では、人材開発という考えがあまりなくて、人の研修を単に組む、というのが一般的です。「人材教育」と「人材開発」の違いはどうなっていますか。

サンドラ：いい質問です。HRは、次のような三つの要素に分けることができると思っています。

①コンプライアンス（ペイロール、福利厚生、基本的な人事のこと）

②人材開発（Development）

カンファレンスの合間に取材する筆者

③L&D（Learning and Development：学習と成長）

①と③のような、基本的な人事のことやトレーニングプログラムや教育については、日本でもできていると思います。ただ、②の人材開発が不足していると思います。

人材開発は会社が大切に思っていることを教育していくことです。会社の文化をわかってもらうこと、個人と会社のビジョンをつなげることです。自分の会社に合った人を採用し、作っていくことが人材開発の役割です。文化を変えていけば、離職が減って、モチベーションが上がり、ビジネスが上手くいくようになります。

広瀬：ありがとうございました。フェニックスで過ごした時間は、とても有意義でした。また、早く再会できることを祈っております。

サンドラ：タレントサークルに参加していただきありがとうございました。私のお話が、日本のみなさまのお役に立てば幸いです。

最終日の懇親パーティーでサンドラさんと筆者

人材開発部署の重要性
メッセージ
https://motifyhr.jp/redirect/hrbook1_272

8分間セミナー

※5分～12分程度のセミナー

1 人材開発部署の重要性
（サンドラ・ウィリー）

2 オンボーディングの進め方
（村山みき）

3 エンゲージメントサーベイ
（高見史弥）

4 テレワークとエンゲージメント
（広瀬元義監修）

5 リモートワーク時代の
人事評価（景山健市）

6 ザッポス訪問（取材チーム）

QRコードより、上記六つのセミナー映像をご覧いただけます。

https://motifyhr.jp/redirect/hrbook1_273

オンボーディング・マニュアル

オンボーディングとは

オンボーディングとは、新入社員が、社内で良好な人間関係を構築し、仕事でのパフォーマンスを上げるための知識やスキルを組織が準備し、行う一連のサポートプロセスのことをいいます。

本来、オンボーディングとは、船や飛行機などの乗り物に乗る時に使う言葉です。これからの快適な会社生活のために、必要なものや知識やサポートが揃っているのかを確認するプロセスになります。人材開発部門の最も重要な仕事になります。

1日で行う新入社員のためのオリエンテーションとは異なり、オンボーディングのプロセスは求職者が入社することを決めた瞬間から開始し、入社してから最低90日の強化期間を経て、1年間継続して経過サポートを行うものです。

オンボーディングは、「人材獲得」「人材開発」「人材の定着」において最も重要なもので、これを推進するためには専任部署（人材開発部門）を作る必要があります。

ある、アメリカでの調査によると、新入社員の約4分の1は、入社してわずか45日間で退職しており、また4パーセントの人が悲惨な初日を送り、初日で退職しているということがわかりました。この数字は、日本でもあらかたの予想と一致していると思います。

また、最初の期間に悪い経験をした新入社員の3分の2以上が3年以内に退職しているということがわかりました。そして、退職した人のうち、およそ半数が最初の1年以内で退職をしています。最初の1年で従業員が退職する場合のコストは少なくとも従業員の給与の3倍に相当するという計算も成り立ちます。したがって、「採っては現場に放り込む」というこれまでの悪しき習慣を改めない限りはこの負のスパイラルが止まることはありません。

オンボーディングは、誰が責任を持って何を行うのか？

日本の多くの企業では、採用に比重が置かれていて、採用後の教育やオリエンテーションはこなしても、あとは配属先任せというケースが多いと思います。

オンボーディングは専任部署（人材開発部門）を作って、そこが責任を持って行うのがよいでしょう。しかし実際には、経営陣の関心も薄く、そのうえ、そういうスキルを身につけている人も多くありません。アメリカ企業の大手では、こうした部署は存在していましたが、今は1000人未満の企業にも、こういう部署の大切さが浸透してきています。

その人材開発部門は、組織が必要とする人材を育てるために伴走支援を行うための仕組みを考え実行する部署で、役員クラスと同じ権限を持たせるか社長直下に置かないと、部署が社内で浮いてしまうことになります。

そして意外と置き去りにされがちな知識、「会社の価値観」「企業文化」「歴史」「全社的なポリシー」「会社の特殊用語」などを教えながら、一緒に歩むことの大切さを教えます。オンボーディングをうまく行うには、HR部門、マネージャー、仲間、そして同期を巻き込みながら築き上げていく必要があるのです。

入社前に、たとえば、出身地、出身校、趣味、特技、スポーツ、映画、読書、ひいきのスポーツチームなどといった個人情報（公開を前提に、本人の承諾で受け取る）が事前にわかっていると、ラポール（親密な信頼関係）を築きやすくなります。もちろん、上司、チームの仲間、ガイド、コーチ、アドバイザーあるいはメンターなどの役割が確定している場合、そうした人の個人紹介を見られる状態にするのもよいでしょう。

個人情報の画面

従業員から経営陣までが、コミュニケーション用に個人情報を公開

90日間のチェックリスト

1　最終面接（カルチャーマッチング）

内定直後に、会社の考え方と合うのかをしっかりチェック。履歴書などで本人のリソースに触れていると思うが、本人の考え方や態度で会社に残れるかどうかが決まる。

2　事前準備と入社前日（入社ボックスを用意する）

コーヒーカップ、寄せ書き、名刺、IDカード、社長・上司からのメッセージ、ガイド・バディ・ブラザー・シスターなどからのメッセージ、会社のロゴ付きアイテムのプレゼントなどを準備しておく。

※前日に、人材開発の人、もしくはガイドやバ

図表5-6　90日間オンボーディング・ステージ

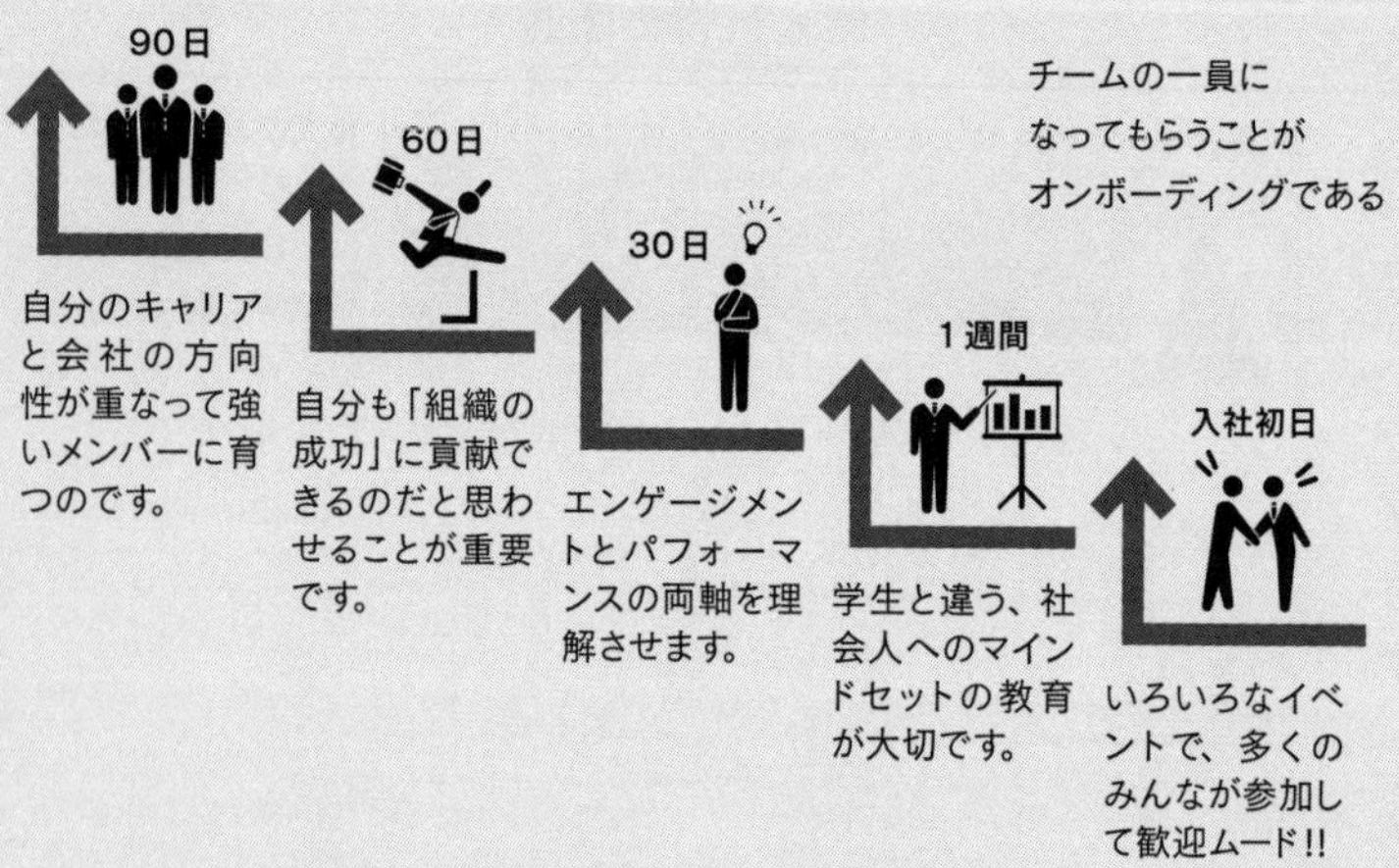
90日
60日
30日
1週間
入社初日
チームの一員に
なってもらうことが
オンボーディングである
自分のキャリアと会社の方向性が重なって強いメンバーに育つのです。
自分も「組織の成功」に貢献できるのだと思わせることが重要です。
エンゲージメントとパフォーマンスの両軸を理解させます。
学生と違う、社会人へのマインドセットの教育が大切です。
いろいろなイベントで、多くのみんなが参加して歓迎ムード!!

ディなどの自分が配属されるであろう人と、専用のWebシステムでコミュニケーションを取る。

3　入社日当日のチェックイン
ウェルカムイベント

入社初日、本人の忘れられない1日になるように会社を挙げて歓迎する。

初日出勤イベント、バディなどの紹介、上司のウェルカム挨拶、社長・役員など上司から歓迎の意を示す、昼食もしくは夕食でウェルカム会食など。

※月曜日の入社は避ける。たとえば、火曜日や水曜日の午後からでもいい。それでなくても新人にとって、1週間は長い。

4 入社1週間目のチェックイン

オリエンテーションと共に、会社の考え方を質問し、答えをもらう。特に企業文化は、教えるのでなく同じ考え方かを確認するのがよい。

オリエンテーションでは、服務規程・就業規則・制度・評価・福利厚生、業務用ツール研修などについて教える。また、戦略・製品・サービスやビジョンについてもしっかり伝える。

5 入社30日目のチェックイン

残るか、辞めるか確認するのがよい（ザッポスのように、退職ボーナスを払うのもあり）。

確認事項

- この1カ月に何があったか？（グッド、バッド両方の確認）
- 入社して、何か変化があったか？（成長、停滞）
- 入社して、違和感を持ったこと、習慣などで驚いたこと
- ワード（会社特有の言葉で、気づいたことやわからないこと）
- 今の課題の進行を確認する（うまくいっていること、妨げになっていること）
- その妨げになっているものを排除することはできるか？

・この1カ月でオンボーディング・ツールやイベントなど、何が役立っているか？
・入社して、成長したと感じたことは？
・この1カ月で何を勉強したか？
・バディとの関係は？　指導相談の状況は？
・もしうまくいっていないのならば、他の人のほうが効果的か？
・入社して、会社に対して感じていることは？
・あなたの仕事の成果を出すために、サポートすべきことは何か？
・改善ポイント（Start, Stop, Continue）

6　90日目のチェックイン

入社30日目のチェックインと基本は変わらない。

確認事項

・この1カ月に何があったか？（グッド、バッド両方の確認）
・入社して、何か変化があったか？（成長、停滞）
・入社して、違和感を持ったこと、習慣などで驚いたこと

・ワード（会社特有の言葉で、気づいたことやわからないこと）
・今の課題の進行を確認する（うまくいっていること、妨げになっていること）
・その妨げになっているものを排除することはできるか？
・情報やサポート、力量などを、持っていないとしたら、何を変えないといけないか？
・この90日間で、「あ、なるほど！」と思ったのはどんな時か？
・あなたの成長プランについてどう進行しているか？
・何がうまくいっているか？　何がうまくいっていないか？
・あなたの仕事の成果を出すために、サポートすべきことは何か？
・改善ポイント（Start, Stop, Continue）

オンボーディングをうまく行うために、必要なことは何か？

いずれにしても、流れ作業のようにこなそうと考えては人は育ちません。しっかり、一人ひとりに向き合うことが大切です。

そして、チェックポイントを設け、初日、1週間、30日、60日、90日と彼らの状況を知り、フィードバックを施してください。

オンボーディングサーベイ

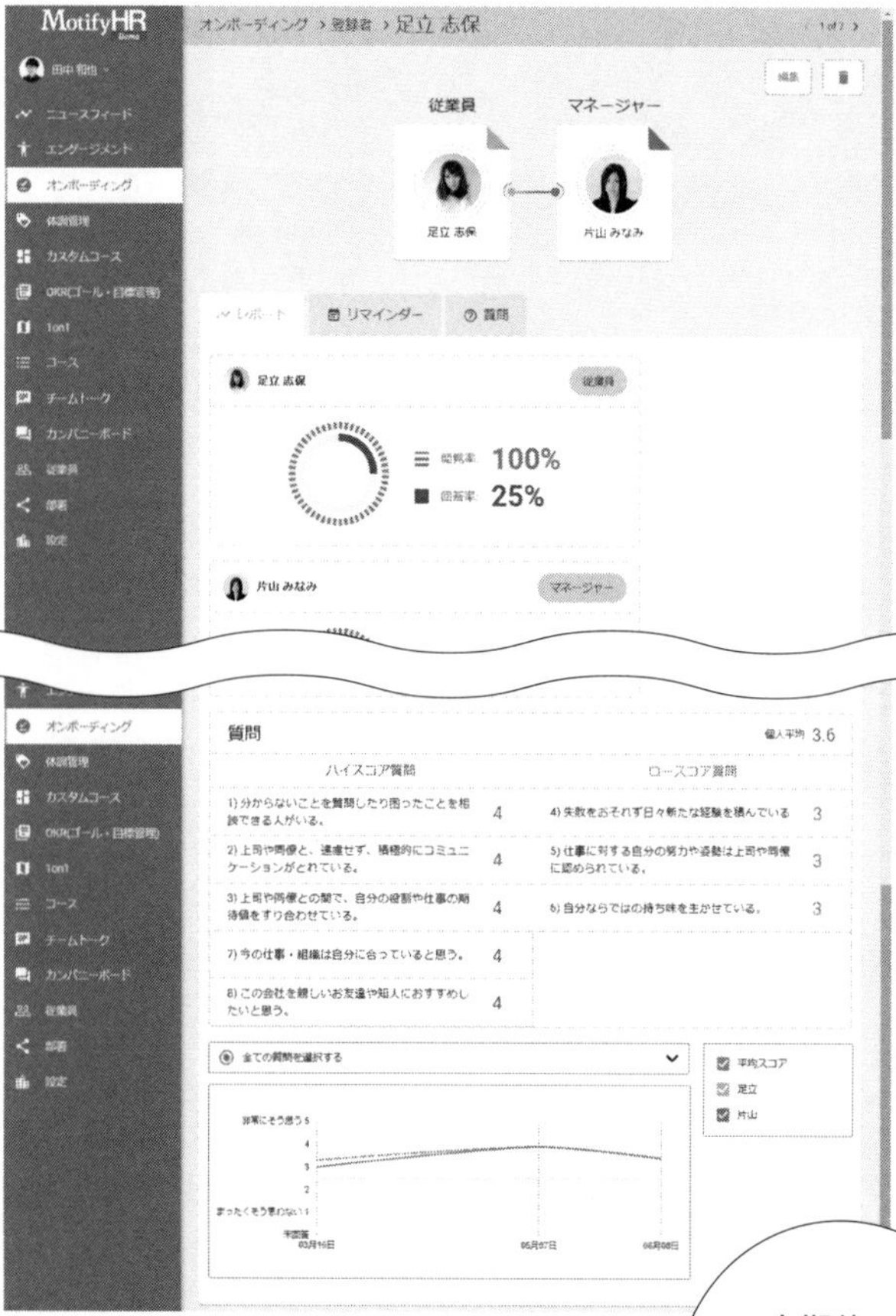

定期的に、
新入社員の状況を
確認する

以下は、オンボーディングサーベイの質問例ですが、こうしたことをMotifyHRなどの人材開発システムを使って自動化すると、人事部門の負担を減らすことができます。

1 わからないことを質問したり、困ったことを相談できる人がいるか？
2 上司や同僚と、遠慮せず、積極的にコミュニケーションが取れているか？
3 上司や同僚との間で、自分の役割や仕事の期待値をすり合わせているか？
4 失敗を恐れず日々新たな経験を積んでいるか？
5 この会社を親しい友人や知人に、勧めたいと思うか？
6 あなたの意欲が削がれることはなかったか？
7 パソコンなどのＩＴ機器は、十分に機能しているか？
8 福利厚生上わからないことを質問したか？
9 当初描いていた成長の可能性は満たされそうか？
10 イノベーションが生まれやすい環境と思うか？

こういった項目を設定して、定期的に質問し、オンボーディング状況を人材開発部門で把握し、現場の上長や、コーチ、アドバイザーに知らせます。

また、常に上司と部下へメールが届くようにして、上司はサポートを忘れず、部下も同じく上司への報告を忘れないように、リマインド機能のある人材開発ソフトを活用します。

次は、MotifyHRから新卒社員向けに自動配信されるニュースフィードメールのアックスコンサルティングの例になります。

①自己成長

配信日	入社2週間前
内容	株式会社アックスコンサルティングへようこそ。 ○○さんが少しでも早く新しい環境に慣れ、活躍できるよう、今日から試用期間終了までオンボーディング期間としてさまざまなサポートのメールや動画を配信します。 まずは、直前研修に向けてオンライン研修で、新入社員としてのマインドセットをしていきます。 実生活では、学生生活で乱れた生活リズムを整えるため、早寝早起き、しっかりと食事をとる、規則正しい生活を維持してください。 さっそくMotifyHRにログインしよう!
配信日	入社1週間前
内容	動画視聴は終わりましたか? 動画は一度見て終わり、ではなく、何度も繰り返し見ることで理解を深めていきましょう。 さて、入社前の1週目の今週は、「会社とは何かを知り、社会人とは何かを考える」がテーマです。 社会人になるための基礎となる「会社とは何か」について理解を深め、社会人と学生の違いについて再度考えてみましょう。 また、わからないこともたくさんあると思います。遠慮せずにどんどん聞いてくださいね♪
配信日	入社日
	○○さん、アックスコンサルティングへの入社おめでとうございます! 内定からたくさんの研修お疲れ様でした。 ここからが本当のスタートです。一緒に頑張っていきましょう! 今日から、オンラインとオフライン、両方で研修し、○○さんのオンボーディングをスムーズに進めていくために、面談やランチなども定期的に行います。 いつ、どんな面談を行うのか、メールでお知らせしますので、お見逃しなく! 今週の研修です。 オフライン研修:アックスでの仕事の基本的なルール オンライン研修:仕事の取り組み方(入門編)、セルフマネジメント オフライン研修は、今週中に終わらせましょう!

※MotifyHR提供

②パフォーマンス

配信日	入社3週目
内容	○○さん、おはようございます！　もうすぐ○○さんが入社して1カ月たちます。 この1カ月、新しいことがたくさんありましたね！ 1カ月を振り返り、上司との面談の準備をしましょう。 また、チームのメンバーたちに、○○さんのうまくいっている点や改善したほうがよい点をヒアリングしてみましょう。
配信日	入社1カ月
内容	○○さん、おはようございます！ 上司との面談はできましたか？ 1カ月たって、○○さんの現状についてお聞かせください！ こちらのアンケートは○○さんの現状を正確に把握しフォローするために使います。
配信日	入社1カ月3週目
	○○さん、おはようございます！ 配属からもうすぐで1カ月です。 毎日の業務の中で、うまくいかないことや改善したいことをメモしておいて、上司に伝えてみよう。 うまくいかないことや失敗も大切な経験。成功はもちろん失敗からもより多くのことを学べるよう、上司と一緒に考えてみよう♪

※MotifyHR提供

③エンゲージメント

配信日	入社1週間
内容	アックスに入社してもうすぐ1週間ですね。 わからないことを聞くのは、恥ずかしいことではありません。人事やブラザー、シスター、周りの先輩方はキャリアをサポートするのが役割です。 なんでも相談してみましょう。
配信日	入社3週間
内容	○○さん、おはようございます！　今週で○○さんが入社して3週間がたちます。 仕事にも環境にも慣れてきた頃ではないでしょうか？ 今週は人材開発面談を行います！　仕事や会社生活の中でわからないこと、不安なことなど、遠慮なく話してください！ 面談に向けて、準備をしましょう。
配信日	入社1カ月3週目
内容	○○さん、おはようございます！ （Googleの調査によると）「自分は尊重されている」「大事にされている」という心理的安全性を感じていることが、成果を出すチームの特徴だという結果が出ています。 あなたのいるチームはどうでしょうか。 上司やチームのメンバー、同僚たちと、より深い信頼関係を築くことについて考えてみよう！ そして、チームが会社や社会にどんなよい影響を与えているのか、話し合ってみよう！

※MotifyHR提供

設計図を用意する

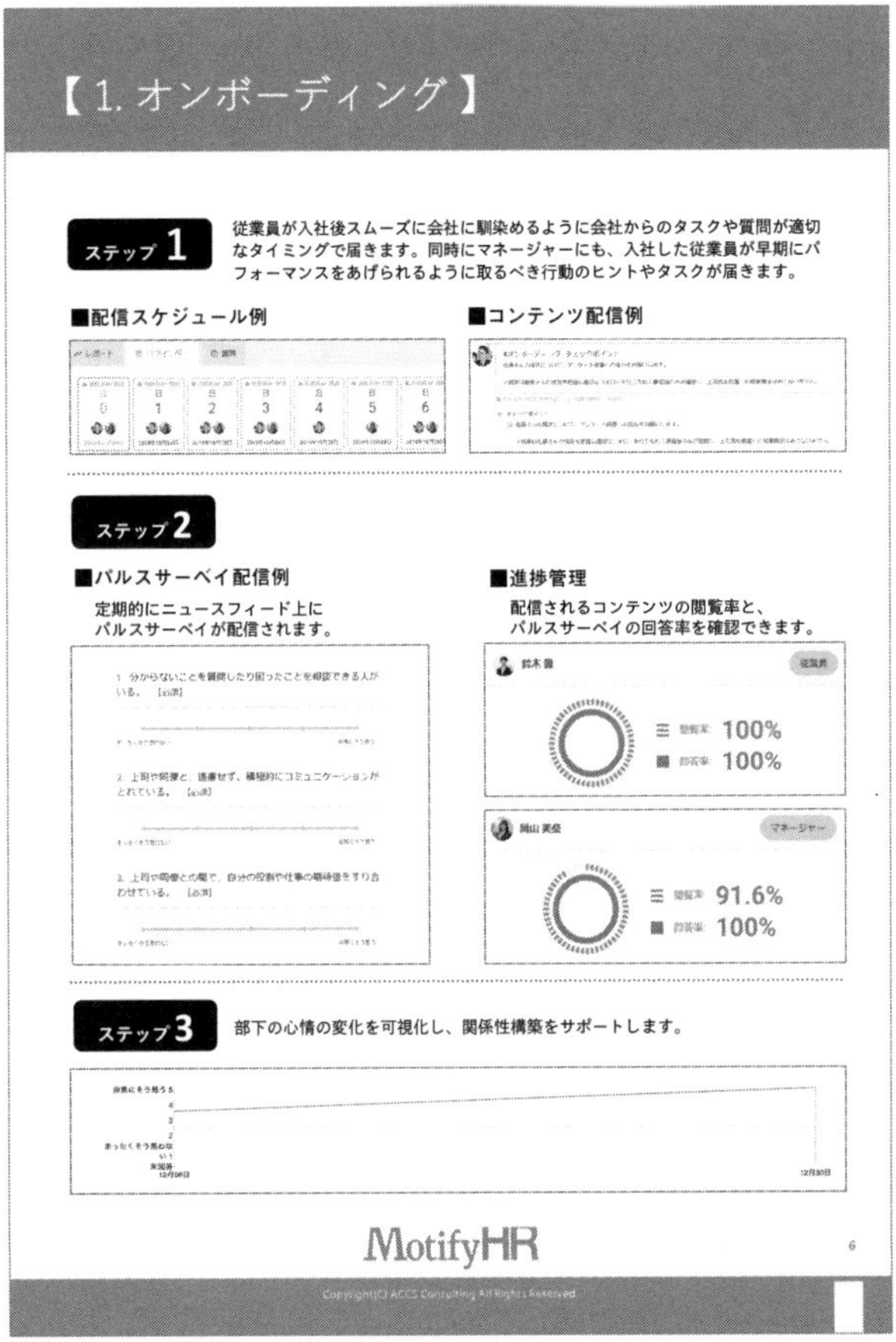

【1. オンボーディング】
ステップ1
従業員が入社後スムーズに会社に馴染めるように会社からのタスクや質問が適切なタイミングで届きます。同時にマネージャーにも、入社した従業員が早期にパフォーマンスをあげられるように取るべき行動のヒントやタスクが届きます。
■配信スケジュール例
■コンテンツ配信例
ステップ2
■パルスサーベイ配信例
定期的にニュースフィード上に
パルスサーベイが配信されます。
■進捗管理
配信されるコンテンツの閲覧率と、
パルスサーベイの回答率を確認できます。
100%
100%
91.6%
100%
ステップ3
部下の心情の変化を可視化し、関係性構築をサポートします。
MotifyHR
6

オンボーディングの三つのキーワードと12のヒント

オンボーディングを実行するうえで押さえておきたいのが、次の三つのキーワードです。

①順応させる（順応）
②学習させる（育成）
③エンゲージメント（定着）

そして、オンボーディングには、効果的なヒントが12あります。このヒントに沿って、事前に適切なオンボーディングのための計画を立てなければなりません。ヒントを以下に記します。

①入社1日目の感情を大切にする

新入社員が10年でも20年でも末永く会社に滞在するのであれば、その人にとっての入社日というものは人生最大のイベントになります。人生最大のイベントの一つである結婚では、多くのカップルが一生の思い出に残るようにいろいろ準備します。入社初日を大切に扱いましょう。

②90日間を一つの区切りとする

仮に、30日で企業文化が合わないと感じたら（お互いが）、リリースしてください。また、少なくとも3カ月間はオンボーディングの期間を設けてください。短期間の研修ですまし、すぐに現場に放り込むことなどがないようにしてください（現場配属後も人材開発部門とつながりを持っています）。

③タッチベースのコミュニケーション

これまでのように、月に1回の面談、あるいは半年に1度の面談では、従業員の要望に応えることはできません。タッチベースとは、〝頻繁に細かいコミュニケーション〟と覚えておきましょう。要するに、上司と部下が、毎日いつでも情報交換ができ、双方向の会話ができるツールを用意してください。

④会社のビジョンを明確にする

ビジョンとは、会社が進むべき方向性です。ビジョンを説明する時には、「何をするか」ではなく、「なぜ」を考えさせるように伝えなくてはなりません。そうすることで、従業員に理解と納得を促すのです。ビジョンによって、従業員は一致団結できます。

⑤全社的に巻き込む

オンボーディングの期間中は、新入社員に対し、すでに会社の一員という認識を持ってもらわなければなりません。「この会社」と言う人がいたら、「私たちの会社」と言い直させてください。また、入社してすぐに全社的な会議に出席してもらったり、幹部の会議に出席させるのも一つの手法です。

⑥業務の標準化をさせる

これは適材適所ということです。誰でも得手不得手がありますから、自己肯定感を持ってもらい、パフォーマンスを上げるためにも得意分野を任せるなどするべきです。そのためには業務の標準化がなされていなければなりません。

⑦リモートワークを実施する

子育てや介護が負担になっている従業員、通勤時間の長い従業員などに対し、分業化・標準化ができていれば対応も容易となります。また、情報漏えいなどに注意してリモートワークの仕組みを用意しておきましょう。

⑧コミュニティー（部署横断型）を有効活用する

横断型のプロジェクト、採用、業務改善、品質管理、クレーム改善、挨拶運動、環境整備など、自分の業務以外の取り組みに参加させましょう。企業文化を理解し、他部署の従業員とのコミュニケーションが期待できます。

⑨感謝していることを伝える

褒められれば誰でもうれしいものです。朝礼や全体会議の場などで、みんなの前で言葉に出して称賛することも重要です。今は、一斉朝礼などをやらない会社や部署が増えていますが、

MotifyHRなどのニュースフィード機能を使って、全社的に情報を流しましょう。会社は自分のことをちゃんと見ていてくれたという安心感や信頼感につながり、モチベーションの向上につながります。

⑩ワーク・ライフ・インテグレーション

テクノロジーの進化によって、完全な時間の区切りがなくなってきました。また、働き方もそれぞれのスタイルが生まれてきました。会社はその従業員にとってどんな存在なのか、その従業員に仕事をどうフィットさせていったらいいのかを常に念頭に置いて、環境を整備しましょう。

⑪学び続ける環境をつくる

従業員のキャリア形成を積極的にサポートする体制を整備してください。たとえば、業務の合間にできる短時間の動画研修ツールなどを用意しておきます。また、勉強したいという従業員がいたら、時間の確保や資金的な支援などの手を差し伸べてください。

⑫最新のテクノロジーを積極的に駆使する

ミレニアル世代、Z世代はすでにデジタルネイティブです。彼らはデジタル機器やアプリケーションのバージョンに敏感なので、常に最新のパソコンや通信環境などを積極的に導入しておいてください。社内でも、古いイントラネットにとらわれないで、最新の人材開発ソフトを活用してください。

こうした項目をもとにオンボーディング・マニュアルを作っておきます。そして、ここが重要なのですが、マニュアルは上司やガイド（先輩社員）と新入社員の両方に渡します。

もちろん、ガイドの情報量は多いほうがいいでしょう。たとえば、個人情報に引っかからない程度の、出身地や出身大学、得意なスポーツなど、共通の話題につながりそうな情報はあらかじめガイドに教えておいてください。定期的にガイドと従業員がランチに行くような時、自然にそんな話題が出てくれれば、従業員の側は自分のことを知っているということで安心するでしょう。

ガイドの役割は新入社員のサポートです。先ほど、初日には歓迎の意味を兼ねた食事会をしなければならないと書きました。たとえば、ガイドが新入社員の先輩など4、5人を誘ってランチに行くといったことがよいかと思います。

新入社員にも自己アピールしてもらい、オンボーディングに積極的に参加してもらいます。たとえば、ある会社では自分の三つの目標というのを発表させるそうです。いわゆるコミットメントです。

コミットメントは、期間を区切った具体的な目標でなければなりません。そして、三つの目標を聞いた上司や同僚は、そのコミットメントをみんなで支援することにしていると伝えます。

みなさん、オンボーディングについて具体的にどんなことをすればいいのか、わかりましたか?

つまり、新入社員が、自分が尊重されている、正当に評価されている、この会社では自由にものが言え、自由に考えられる、といったことを実感してもらうために行うのがオンボーディングです。

その結果、みんなが幸せと感じ、みんなの脳細胞が活性化し、創造性が豊かになって新しい商品が生まれるのです。

ただ、採用する際に大事なのは、会社の文化や価値観に合わない人は採用してはいけないということです。これをカルチャーマッチングといいますが、カルチャーマッチングを事前に行ったうえで採用してください。

短期的な指標を測定する

・従業員当たりの選考と採用コスト

- 90日間と180日間で完了
- 新規雇用における合計費用
- 参加者のオンボーディング・プログラムに対する満足度
- プログラム内容の評価
- オンボーディング参加者の組織の印象
- オンライン・オンボーディングのコンテンツにかける平均時間
- オンライン・オンボーディング・プログラムの使いやすさの評価
- 特定のオンライン・オンボーディングのコンテンツの業務に関する申請
- 新入社員や新しく配属された従業員のサーベイのスコアとフィードバック
- バディなどからの評価を測る

長期的な指標を測定する

- 定着または退職する従業員のカルチャーフィット
- 従業員の定着、辞職、満了の歴年比較
- 参加者の習得時間とチーム平均の比較

・90日と180日後に、マネージャーは参加者が組織に残ると決めることにオンボーディングがどのような影響を与えたかを中心に面談を行う
・離職率の改善
・従業員の退職にかかる費用
・採用の申し出を受け取った応募者数の変化
・従業員の負担と生産性
・退職者への退職面談
・360度診断（もしくは、Start, Stop, Continue）
・バディなどからの評価を測る

新しい従業員に確認すべき事柄

○オンボーディング

・仕事をするうえで、必要な道具や設備はありますか？
・最初の30日、60日、90日で、何を期待されているかわかりますか？
・オンボーディングの助けになるような経験はありましたか？

〇ワーク・ライフ・インテグレーション

・あなたの仕事と私生活のバランスをどう保っていますか？
・どうすればより生産的で健康な生活ができますか？

〇業務

・今どのような仕事をしていますか？
・ストレスを感じたり、疲労困憊したりする仕事はなんですか？
・今の仕事に対して、働きすぎ、働かなすぎ、ちょうどいい、といったことについてはどうですか？

〇マネージャー

・尊敬しているリーダーや先輩、手本となる人は誰ですか？
・成果を出すうえで、私にサポートして欲しいことはなんですか？
・より効果的でエンゲージメントを高めるために私に何ができますか？

〇会社

・組織のミッションに沿って、あなたの目標やチームの目標をどう理解していますか？
・組織の最も重要な目標はなんだと思いますか？
・会社の価値観の中で、あなたが最もよいと思うバリューはなんですか？

○チームの関係／なんでもしゃべりやすい環境

・仕事を進めるうえでサポートする人はいますか？　またどのようにサポートしてくれましたか？

・チームに対して、どのような点で愛着を感じたり感じなかったりしますか？

・チームワークのレベルを改善するために私たちはどのようなことができますか？

○組織としての指針／会社に誇りを持っている

・組織のミッションに沿って、あなたの目標やチームの目標をどう理解していますか？

・組織の最も重要な目標はなんだと思いますか？

・あなたが大事にしている企業文化・経営理念はなんですか？

○社内環境の透明化

・詳しく説明を受けたい社内の環境や制度はありますか？

・社内の環境や制度で疑問に感じている部分はありますか？

・これから長く働いていくために、変えたい環境や制度はありますか？

○給料・福利厚生・職場環境

・5年後、10年後の給与の目標はいくらですか？

・使いたい、使い方がわからない福利厚生はありますか？

・成果を出すうえで、変えたい職場環境はありますか？

○キャリアアップ／成長意欲

・昇進に関して、どのような考えがありますか？
・キャリアアップの妨げになっていることはなんですか？
・2年後、5年後、10年後にどのような立場にいると思いますか？

○プロフェッショナル開発／成長の可能性

・新しいスキルを身につけることは好きですか？　それはどのようなスキルですか？
・スキルアップの妨げになっていることはなんですか？
・スキルや専門性を高めるために何をしていますか？

○目標／イノベーションが生まれやすい環境

・OKRの進捗はどうですか？
・OKR達成のためにどのようなステップを踏みますか？
・OKR達成のためにどのようなサポートが必要ですか？

○仕事に意味を感じる

・仕事で最近うれしかったことはなんですか？
・仕事でよかったと感じる部分はなんですか？

・貢献していると感じるのはどのような時ですか？
・力を入れていきたい仕事はなんですか？
・苦手だと感じる仕事はなんですか？

スタート、ストップ、コンティニュー

スタート、ストップ、コンティニューは、非常に便利な言葉のツールです。上司部下の360度診断にも使えるし、いろんな場面でこの言葉を念頭に置いて、サポートやフィードバックを行うといいでしょう。

〇スタート（Start）
これから始めてもらいたいこと
〇ストップ（Stop）
今までしてきたことでやめてもらいたいこと
〇コンティニュー（Continue）
これからも続けてもらいたいこと

基本的には、1on1で用いると、上司部下共にやることが整理しやすくなります。慣れてくれば、仕事が多岐にわたり、やらないでいいことまで手を広げていたり、やめるタイミングを逃していた時などにアドバイスをし、優先順位を明確にすることができる、便利な言葉ツールです。

この三つのワードを書き出したりして、成長の気づきとすればよいでしょう。

ガイド、コーチ、アドバイザー

上司は選ぶことができません。会社を辞める多くの原因は、上司との関係がうまくいかないというものです。上司のことを、「入った時期の早い、ただの先輩」なんて揶揄もありますが、上司にすべて任せてしまっているところにも原因があります。

面白いことに、スポーツの世界で考えると上司はいません。チームで力を合わせて勝てばいいのですから。スポーツの世界には、キャプテンやコーチ、そして監督がいます。全責任は監督が負います。何かこういうやり方を考えて、もう一度上司を定義づけてみるのがいいかと思います。

すると、パフォーマンスを上げるために必要なのは、三つの役割だけということになります。

それが、「ガイド」「コーチ」「アドバイザー」なのです。

会社によっては、ブラザーシスターやガイド、そしてバディやメンターまでいろいろありますが、それらはこの三つの言葉をもとに役割を整理してください。

新しい従業員を、どうやって組織に、「順応」「育成」「定着」させるかということで考えれば、まず必要になるのが、コーチとガイドでしょう。

アドバイザーは、上司の役割と思ってください。上司であるアドバイザーは、評価しますが、ガイドとコーチは、評価しません。つまり、大きな組織でも、細分化し多機能集団化していくと見えてくるものがあります。こうすることによってパフォーマンスが上がるだけでなく、各自のコミュニケーションも取りやすくなります。

①ガイド（一般的に、ブラザーシスターとも）

ガイドとは、新しい従業員に日常的な情報を与え、会社生活をスムーズに行えるようにする人です。オンボーディングでは最も重要な役割をはたします。

新入社員のガイドになる人は、入社2～3年目の従業員が最もふさわしく、新しい従業員とペアを組ませ、基礎的な質問に答えてあげたり、会社のコアバリューやカルチャーを適切に、そして確実に教えます。できれば、違う部署の人のほうが望ましいでしょう。

■ガイド・プログラム

ガイドは、トイレの場所を教えてくれたり、基礎的なことを教えてくれる人。新しく入った人が会社に馴染めるようにサポートをしてくれる存在。

■ガイドになるための条件

・入社2年目以上の従業員は全員ガイドになれる。

・ガイドになるためには、自己申告が望ましく、みんなが自ら希望するような企業文化がよりいい。また、申請者はチームワークや協力、技術スキルや能力、会社の知識や理解などの分野で優れており、会社のことが好きで会社を積極的に勧めてくれる人であるとチームマネージャーによって認められていることが大切。あるいは、事前に知識として、カルチャーテストをするのがいい。

■ガイドの役割

・オンボーディングや新入社員が溶け込めるよう支援する。

・ガイドは新入社員と定期的にルーチンの面談を行い、エンゲージメントできているか、会社での新しい役割についていけているかを確認しないといけない。

・ガイドは会社の日常的な質問をしたり、コミュニケーションを取りながら教える人。たとえば、コアバリューや目的、コミュニケーションの基本、備品の場所、必要なサポートを受ける方法、部活や委員会への参加方法、仕事に必要なリソースの探し方、会社の特別休暇(バースデー、結婚記念日……)。その他、会社の文化に完全に馴染めるためのことなど。

このように、ガイドの人が新入社員のサポートを行うわけですが、オンボーディングがうまくできなかったために、せっかく才能のあった人や元気いっぱいの人が入社後に元気を失ってしまい、結果として会社が利益を失うことになるということはよくあります。

ですから、オンボーディングというのは、営業やマーケティング、経理などと同じ、会社にとっての重要な業務ということをよく頭に叩き込んでください。

②コーチ(同じ部署の先輩社員がこの役割を負う)

特に目指している成長目標の支援を行い、専門的な必要性や要求の支援をするのがコーチです。

■コーチ・プログラム

特定のスキルに注目して、従業員が目標とする分野において、従業員が求めているトレーニング、育成、アドバイスを行い、支援する。

■役割

・従業員が長期的なキャリア目標やトレーニング計画を立てたり、次のレベルのキャリアへ行く準備をしたい時に、サポートする。そしてまだ見つかっていない潜在的能力を従業員が探す手助けをする。
・従業員が特定の問題に関して助けが必要な時は、その得意分野のコーチに依頼する（例：キャリアアッププラン。あるいは、コミュニケーションスキルを高めるなどは専門分野のコーチに依頼する）。
・従業員がこの会社で今後何年にもわたり、高いエンゲージメントを保ち、より高い実績を維持できるようにする。
・客観的な視点を従業員に持たせてあげ、自身の考え方や行動パターンについてより正確に観察し、認識するようサポートする。
・従業員のアドバイザーと意見を交わし、設定した目標やトレーニング計画が全体的な従業員のパフォーマンスにおいて適切かを確認する。
・従業員が、問題と感じている点や苦労している分野または優れている分野について腹を割って確認する。そしてそれ以上の可能性を見つけられるように仕向けてあげる。
・時として守秘義務が必要である。会社の問題やその上の上司について話が及んだ時に、その問題を上司やアドバイザーに伝えてよいのかどうかを確認する。聞いただけで放置しておくと、その上の上司や会社について不満は募る一方で、伝えたのに改善されないと退職の引き金になってしまう。

■注意点

・コーチは、評価についての権限を持たせないほうがよい。ただし、アドバイザーから求められた場合に、日常のパフォーマンスやコーチングを行う。
・コーチはすべての問題を解決することは求められていない。彼らの役割は従業員にすべての解答を与えるようなエキスパートではない。その代わり、成功への案内とロードマップを提供する。

③アドバイザー（上司やその上の存在）

パフォーマンスのサポートをする人のこと。

■アドバイザー・プログラム

・直接に、指示支援を行うと共に、管理監督を行う。
・コーチと受ける側とのやり取りを頻繁にチェックし、アドバイザー自身も、週に何度かチェックインし、コミュニケーションを取る。
・顧客サービスに関して、スキルの確認、作業手順など、コーチとの確認を行いチェックインする。
・最低月に1度、目標面談を行い、Start, Stop, Continueを用いた、1 on 1を実施する。
・その上の役員や統括責任者は月に1度、アドバイザーと目標面談を行い、状況を確認する。

■役割

・ストレッチ目標と行動過程を確認し、問題点を気づかせるようにする。このコミュニケーションの記録を残し、次回の参考にする。
・目標は、できるだけ数量化し、進行状況をチェックする。そして、何においてパフォーマンスが落ちているのか確認する。個人の技術や個別の問題であれば、しっかりヒアリングし、できるだけ会社としてサポートできる問題なのかを考える。
・たとえば、システムの販売のような場合、具体的な欠陥は改善要求に加えればよいが、抜本的な問題に関しては会社全体の問題として取り上げられるように振るまう。
・一番の問題は、聞くだけ、うなずくだけで何も改善が加えられなければ、会社への不満と変わり、退職の引き金にもなりかねない。
・人材開発部門に、エンゲージメントシステムやパルスサーベイをとるシステムを導入している場合は、その内容を事前に頭に入れて、1 on 1に臨む。しかし、欠点や不満をつぶすことではなく、一緒になって問題を解決しようとする姿勢とフィードバックが必要である。

・人材開発システムを導入している場合は、週に何度かチェックインをし、メールで言葉をかける。また、離れたところにいる場合は、ハングアウトなどのWeb面談システムを利用し、声をかける。
・基本的には、建設的なパフォーマンスのフィードバックを提供する。
・従業員が割り当てられた仕事を行ううえで必要なスキルやツールを持っているか確認する。
・できるだけ頻繁に、従業員が自身の才能や強みを披露できる機会やアイデアを提供する。
・絶対に欠かせないのは、企業のビジョン、コアバリューの醸成を怠らないように確認し合うこと。

④メンター（上司でない、大先輩や外部の人、他部署でもいい）

■メンター・プログラム

メンターは、経験を積んだ指導者であり、助言者の役割を負う。仕事だけに限らず、人生のさまざまな状況においての相談役にもなる人。一方的にアドバイスを与えるだけでなく、双方で考え、前に進むためにそっと背中を押してくれる人。

■役割

・全従業員にメンターをつけるというより、管理職にメンターを用意するほうがより効果的である。

・従業員に与える場合は、10年以上経験を積んだエンゲージメント指数の高い人を選抜するのがよい（この場合、エンゲージメントサーベイは必須である）。

・コーチのように、問題を的確に把握し指導するより、目標を達成するために寄り添うことのできる人が重要である。

・相談役であるメンターとの会話は、記録せず、本人が会社や上司に伝えて欲しいという確認がない場合は、お互いの胸の中にしまっておくのがよい。ただし、解決が前提である。

・もちろん会話が終わった時は、モチベーションの維持や向上に努め、キャリアプランを実現していけるようにフィードバックする。

1on1ミーティング

■1on1ミーティングとは

〝従業員が上司に求めること〟について、ある調査会社が実施した「2018年度新入社員に関する意識調査」によると、新入社員が上司に対して望むことの1位は「親しみやすさ」（約35パーセント）だそうです。

部下の気持ちや業務の状況を常に把握するということは、ますます困難になってきていますが、こうした状況の解決に、1 on 1のミーティングが多く用いられています。1 on 1で最大のパフォーマンスを引き出すという方法が採られるようになってきたのです。

従業員の立場からすると、「面談」という言葉からは、「賞与面談」「評価面談」などを想像しやすく、あまりいいイメージはなく、上司から一方的になんらかの指摘を受けるイメージしかないのかもしれません。

弊社アックスコンサルティングでは、この上司部下による面談を15年以上前に取り入れ、上司と部下による1対1の定期的な対話の時間としています。社内では、チャレメン（チャレンジ面談）と称し、部下から上司に、いついつは空いていますか？　とスケジュール確認を取るのが原則ですが、上司の都合上、半日で数人すませたいということで、月初の同じ日にあちらこちらでチャレンジ面談をしている場面に出くわします。

なぜ、チャレンジ面談なのかというと、部下の目標やチャレンジを上司が支援するという目的で始めたからです。チャレンジ面談は、経験の少ない部下に、簡単なやり方を教えたり、悩みを一緒に解決するための時間です。したがって、一方的に上司が部下を叱責するのとは違って、コーヒーを飲みながらオープンな場所でやることが望ましいでしょう。

1 on 1が終わった時に、お互いが一緒に目標に向かって頑張ろうという気持ちになっていれば、最高の結果といえます。

1on1を成功させる六つのポイント

①場所

なるべく、オープンな場所で明るい雰囲気で行う。決して上司の席に部下を呼びつけて行わないように。一緒に釣りやピクニックに行く計画を立てるようなポジティブな状況を作る。もちろん、コーヒーなどの飲み物も用意する。

②目的、頻度、時間

目標管理と行動管理、そして成果へと結びつける行動を促すのが目的なので、なるべく多い回数を心がける。最低でも月に1度。できれば毎週。30分以内を目安。

③スタート

Good&Newで始める。グッドは、よかったこと。ニューは新しい発見のこと。これは毎週の1on1ができない時に、グループミーティングで必ずスタートに行うとよい。

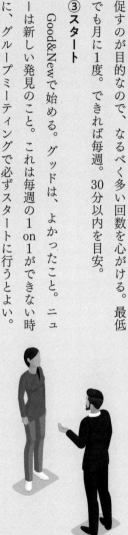

特に今は、一堂に会さなくても自分の机にいて、Ｗｅｂミーティングを行うのがよい。みんなでやる際は、拍手を忘れずに。２人の場合は、上司もGood&Newを準備する。突然言われても、出てこないので、「今日あったこと」や「今週あったこと」に絞る。

④基本のトークストーリー

・経験確認（失敗でも、成功でも）→客観的視点→学んだこと→新しい行動
・Start, Stop, Continueを用いる
・前回話したことを、確認し合う
・エンゲージメントサーベイを取っている場合は、事前確認をする

⑤上司のための1 on 1を成功させるさまざまな技術

・部下に十分話させ、さえぎらないで最後まで聞く
・上司が先に、答えを言わないようにする
・目的は部下の成長であって、上司の状況把握のためではない
・言っていることが間違っている場合、拒否しないで気づかせる
・行動への気づきを部下に与え、行動へのコミットメントを取る
・あくまでも、従業員の才能と情熱を解き放つことを目標とする
・80：20（部下の話す時間：上司の話す時間）

・上司と部下との信頼関係が基盤にないと成功しない
・ミラーリングの法則を用いる（相手と同じ態度や言葉を使うこと）
・フィードバックの手法を学ぶ

⑥マネージャーの心得錬金術（部下の育成は1分あればできる）

・理想のマネージャーになることは、本当に難しい。しかし、言葉をうまく使うことは、テクニックなので誰でもできる。
・「いつも支えるよ」「よくやったね」「大変だったね」「頑張ったね」といった相槌を入れることは誰にでもできる。
・「1週間の成果は何か」「どんな問題にぶつかったか」「何が達成できなかったのか」そして「それを達成するにはどんな計画や戦略が可能か」などの話の細かい手法を知っていれば、部下は親身に考えてくれていると信頼が生まれ、チーム全員の才能が引き出され、生産性は確実に上がる。
・部下自身が、仕事に満足している状態であれば、満足できる結果を必ず生み出す。
・上司が部下の職務の範囲で責任だと思っている範囲が、食い違っていることが多い。だからそのすり合わせが大切である。
・部下の目標や行動を促すには、信頼をつくることが大切だが、それはちょっとしたプライベートの話からでも生まれる。

・とにかく部下とは、頻繁にメールをする。

・誕生日や入社祝いに、メールをしたりスタンプを送る。システムがあれば十分に機能する。

・Ｗｅｂで、夕礼を実行するのもいい。

・部下が実力を発揮できるよう助けをし、正しいやり方をしているところを見つけてそこを褒めよう。

・最初の30秒

①できるだけ早く賞賛する

②どこが正しかったのかを具体的に伝える

③部下が正しいやり方をしたことがどれほどうれしく役立っているのかを伝える

・ほとんどの部下が業績評価で間違ったやり方を指摘されるまで、自分が何を期待されているかわかっていなかった。

上司と部下の犯しやすい1on1の注意点（5＋10）

部下が犯しやすいこと。

1 勝手な思い込みで、事実と違うことを根拠に話さない
2 人のうわさや、根拠のないことを持ち出さない
3 アピールの場だと思い、いろんなことを主張しない
4 解決できない、うわさ話や上司批判、会社批判を持ち出さない
5 「報告」「連絡」「相談」を使い分けられない

上司は、以下のようなことを言わないようにする。

1 「簡単に言うとどういうことなの？」
2 「それはなぜ？」「どうしてそうなるの？」
3 「具体的にうちの会社の場合で言うと、どういうことなの？」
4 「もっと細かく具体的に言うとどういうことなの？」
5 「何が原因で、問題は何なの？」
6 「で、私は何を手伝えばいい？」
7 「いつ始めて、いつまでにやるの？」
8 「ところで君は何をするの？」
9 「これでうまくいくの？」

エンゲージメントとは

エンゲージメントは、帰属意識などと解釈されているケースもありましたが、ちょっと違います。なぜなら、帰属意識には必ずしもポジティブな動機だけが入っているわけではないからです。

会社に対する帰属意識の中には、会社と仲間に貢献しようというポジティブな動機もあれば、一方で大企業で安泰だから居座ろうとしていたり、転職するリスクを恐れて安心感から会社に依存しようという動機が混在しているのです。

したがって、単なる満足度調査とエンゲージメントの確認はその根本が違います。つまり「個人と組織が一体となって、双方の成長に貢献し合う関係」というのがエンゲージメントです。実際には、チームのメンバーが会社の方向性を理解し、自らが意欲的に仕事に取り組み、仲間や会社に深く思い入れを持つことです。

図表5-7　エンゲージメントと従業員の意識

エンゲージメントが高い	エンゲージメントが低い
1. 生産的で、会社の目標と個人の目標がコミットしていて、勤続年数が長い傾向にある 2. 採用活動でも、会社に協力的（リファラルなども）	1. 生産性が低く、何かしようとすると反対する。生産性を阻害する“ガン”になる 2. フェンスの上にいる従業員の足を引っ張る

・アメリカの企業では、定期的にエンゲージメント調査を行い、現状をデータで管理し対策を考えている。
・タッチベース（軽く、頻繁）に、上司部下と進捗などについて確認し合う。

ジョシュ・バーシン氏の講演スライド

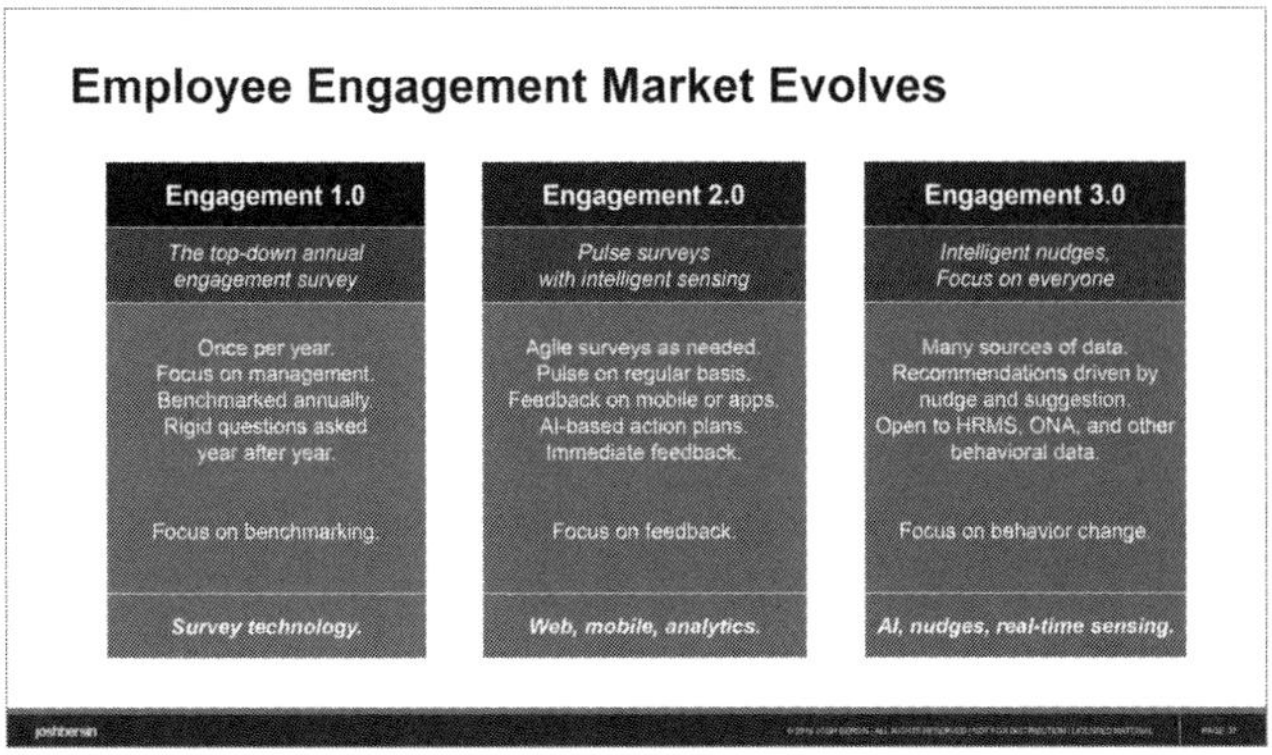

出典：2019 JOSH BERSIN | ALL RIGHTS RESERVED | NOT FOR DISTRIBUTION | LICENSED MATERIAL

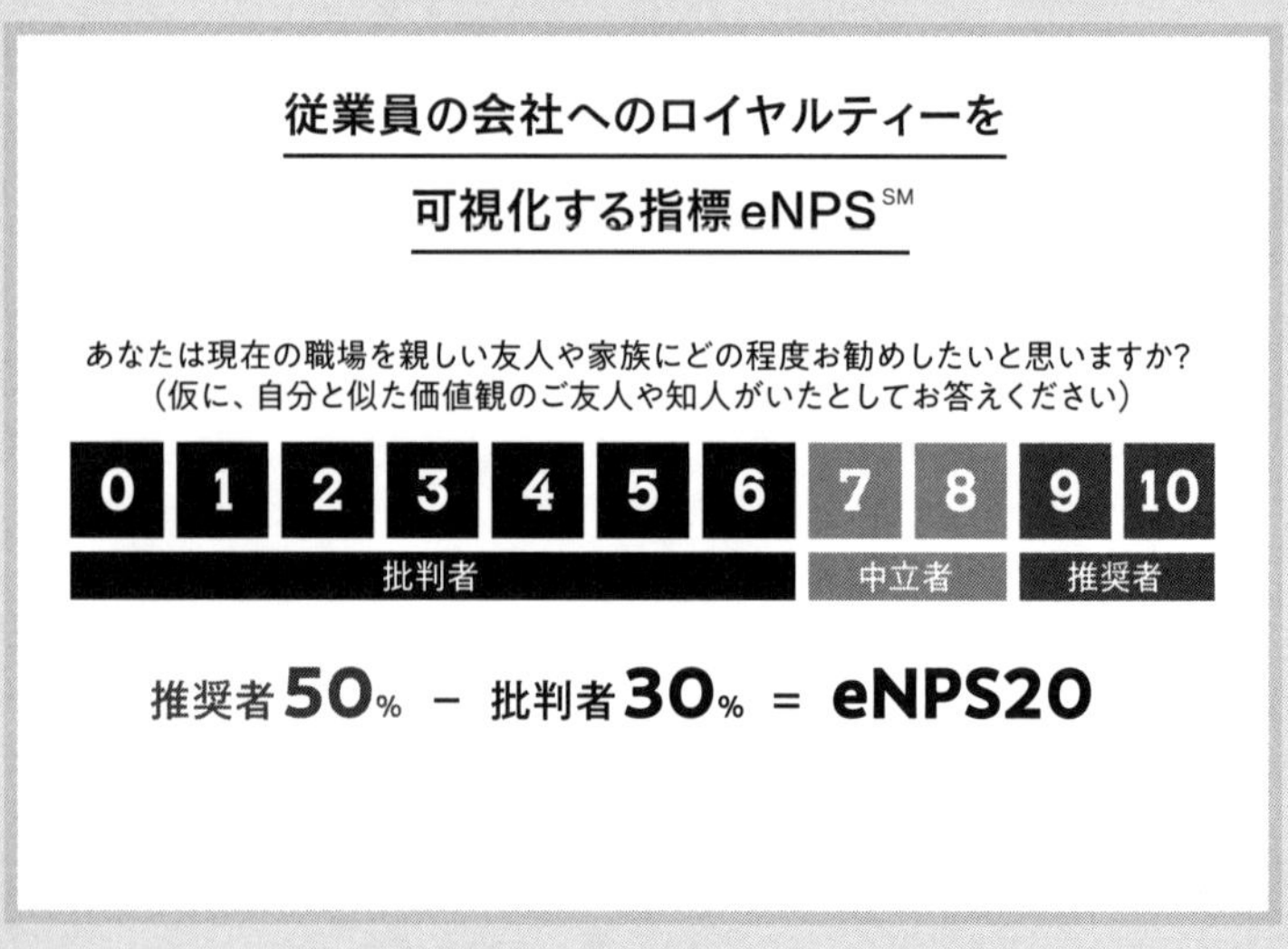

世界でよく用いられている、二つのエンゲージメントサーベイ

①eNPS℠とは？

eNPS℠はEmployee Net Promoter Scoreの略で、従業員の会社へのロイヤルティーを視覚化する指標として知られています。この指標は、もともとは顧客ロイヤルティーを可視化する指標であるNPS®（Net Promoter Score）を、従業員向けに活用し始めたことにより一般的になりました。

質問はとても単純で、「あなたは、あなたの職場（会社）をどの程度親しい家族や友人にお勧めしますか？」というものです。

推奨者、中立者、批判者に分けますが、9、10のみ推奨者としているところが重要です。もともとのNPSで、「あなたはこの会社の製品を、友人や同僚に勧める可能性はどの程度ありますか？」の質問で考えれば、やはり9、10の人以外本当の推奨者とはいえないでしょう。

このサーベイは、年に数回とるのがよいと思います。時期によっても変動します。特に社内で大きなイベントのあった時、あるいは賞与や昇給時期にとって、会社全体、あるいは部門ごとにeNPS℠を測るのもいいでしょう。

②Q12について

これは12の質問を、従業員に定期的に送ることによって、従業員のエンゲージメント度合いを測ろうとするもので、定期的にとることをパルスサーベイといいます。もちろんとるだけでなく、フィードバックをちゃんとしなかったら、かえって不満が増していきます。

これにより、上司と部下との関係、新しい従業員の定着、チームの一体感で定着率を向上させるための数字が見えるようになります。

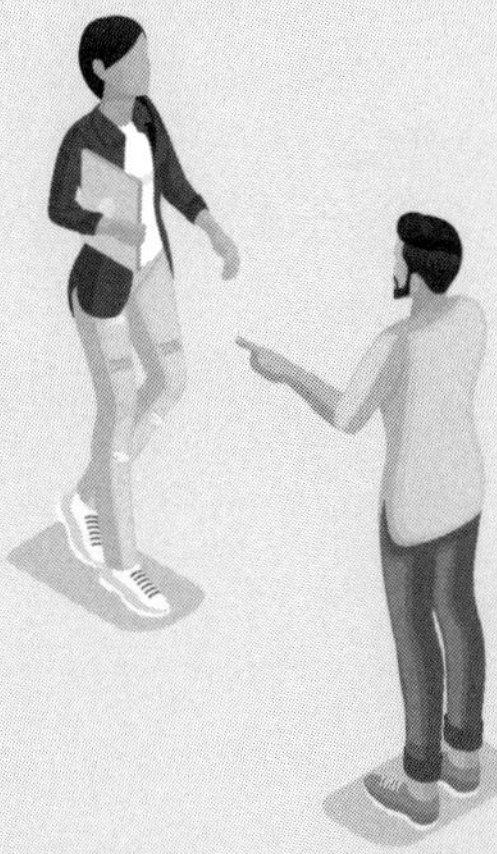

Q12の質問内容

Q1　：職場で自分が何を期待されているのかを知っている
Q2　：仕事をうまく行うために必要な材料や道具を与えられている
Q3　：職場で最も得意なことをする機会を毎日与えられている
Q4　：この7日間のうちに、よい仕事をしたと認められたり、褒められたりした
Q5　：上司または職場の誰かが、自分を1人の人間として気にかけてくれているようだ
Q6　：職場の誰かが自分の成長を促してくれる
Q7　：職場で自分の意見が尊重されているようだ
Q8　：会社の使命や目的が、自分の仕事は重要だと感じさせてくれる
Q9　：職場の同僚が真剣に質の高い仕事をしようとしている
Q10：職場に親友がいる
Q11：この6カ月のうちに、職場の誰かが自分の進歩について話してくれた
Q12：この1年のうちに、仕事について学び、成長する機会があった

★マネージャーは、Q1-Q6に注力する

★従業員の定着率は、Q1-Q3、Q5、Q7。離職率が高ければ、ここに注力する

★オンボーディングでは、Q1、Q2が重要

★自分の貢献、上司部下との一体感　Q3-Q6

★チームとの一体感。自分の存在感　Q7-Q10

★能力向上。もっと高みに　Q11、Q12

心理的安全性を担保する

野生の動物は、いつでも自分の命が狙われている状態に身を置いていますが、競争を主眼としているような会社で働く人間は、いつもピリピリして、自分の成績と結果をにらめっこして過ごしていたり、常に上司の顔色をうかがったりしています。あるいは、古い伝統的な会社で働く人たちは、正しいことより伝統や習慣が優先され、窮屈な思いで会社生活を過ごさなければならないという不幸な例もあります。

やはり、建設的スタイルで人の満足にフォーカスをするというのが、最も効果的な企業文化のスタイルです。そこには人間性を重視し、お互いがお互いを助けようという、提携文化や達成文化、そして自己実現文化というのが根底にあります。

最近、心理的安全性という言葉が使われるようになりました。これはチームの一人ひとりが「恐怖心や不安を感じることなく、安心して発言・行動できる状態」をいいます。心理的安全性が担保されると、主体的に行動ができ、自らの強みを発揮できるようになり、建設的な意見が多くなります。

もちろん、そのことにより生産性の向上、あるいは退職リスクを少なくするということもあります。しかし一方、自由闊達な意見を言うことと、「批判」や「中傷」に終始してただ相手を攻撃するなどということになると、変に摩擦を起こすだけになるので、企業文化、会社の目指すべき方向がいかに、根底に必要かということも認識してください。

上司と部下の関係性

上司がよかれと思って言ったことが、部下のモチベーションを下げるというのはよくあることです。上司は常に部下のモチベーションの要因を知っておくべきです。もちろん、部下のモチベーションの要因は、個々人でも時と環境でも異なるケースが多いため、それぞれの要因を的確に把握するようにしましょう。

こうしたことをチーム全体としてとらえ、どのような傾向にあるのかを確認し、チームで共有するのもいいかもしれません。

米国のある調査によれば、リーダーを尊敬しているかどうかでチームのエンゲージメントは最大12倍も違ってくることがわかっています。

尊敬してもらえるようにする秘訣などはありませんが、少なくとも部下が上司になんでも言える環境を作ってあげなければなりません。部下のほうから改善して欲しいことを指摘するようなことはハードルが高いかもしれませんが、タッチベースでコミュニケーションしておけば、信頼関係のある状態で会話をすることができるでしょう。

新入社員の場合、「期待値のすり合わせ」はとても重要です。新入社員には、どんな成果を期待しているのか、話してもらいましょう。

新入社員の不安感を取り除けば、モチベーションの向上につながります。また、入社の前後にどんなギャップを感じたのか、あるいはギャップはなかったのかを聞いてみることで、新入社員のパフォーマンスをさらに高めるヒントを発見できます。

みなさんは、従業員に仕事を押しつけすぎていませんか？　仕事がなくて時間を持て余しているような従業員はいませんか？

業務量の偏りは生産性を低下させるだけでなく、仕事が多くても少なすぎても従業員の精神的負担を増加させてしまいます。特に新入社員は、業務過多を感じていても声に出せていないことが多いのです。部下一人ひとりの価値観を知り、それに合わせて仕事を割り振るようにします。

また、会社の将来に不安を感じているそぶりが見えたりした時は、転職の意思があるサインかもしれません。キャリア志向が強い従業員の場合、現状と理想の差異を分析し、その従業員のためにサポートできることがないか聞いてみることが必要です。

エンゲージメントに予算を振り分ける

多くの企業では、資金の大半を従業員の給与や採用の費用に充てますが、従業員を育てるために使う予算はほんのわずかです。実際、大半の企業が人材育成より建物やテクノロジー設備の維持に金と時間をかけています。

1on1などで上司に気づかされると、成果の阻害要因に気づくことができます。

ある人は、以前の職場では何を期待されているのかわからないことが多く、誰も何も教えてくれませんでした。その当時はよい仕事をしているかと尋ねられたら、「わかりません」とか「たぶん」と答えるしかありませんでした。なぜ「たぶん」なのかと聞かれたら、最近上司に叱られていないからとか、何もないのはよい知らせだからとか。

二軸での組織診断

左の図表5－8は、縦軸に不安感を、横軸に存在感を取りました。

不安感は、どんな時に起きるかというと、成果や評価に対するもので、上司との関係に一番多く現れます。一方、存在感は仲間との関係です。

図表5-8 上司と部下と仲間 その関係構築

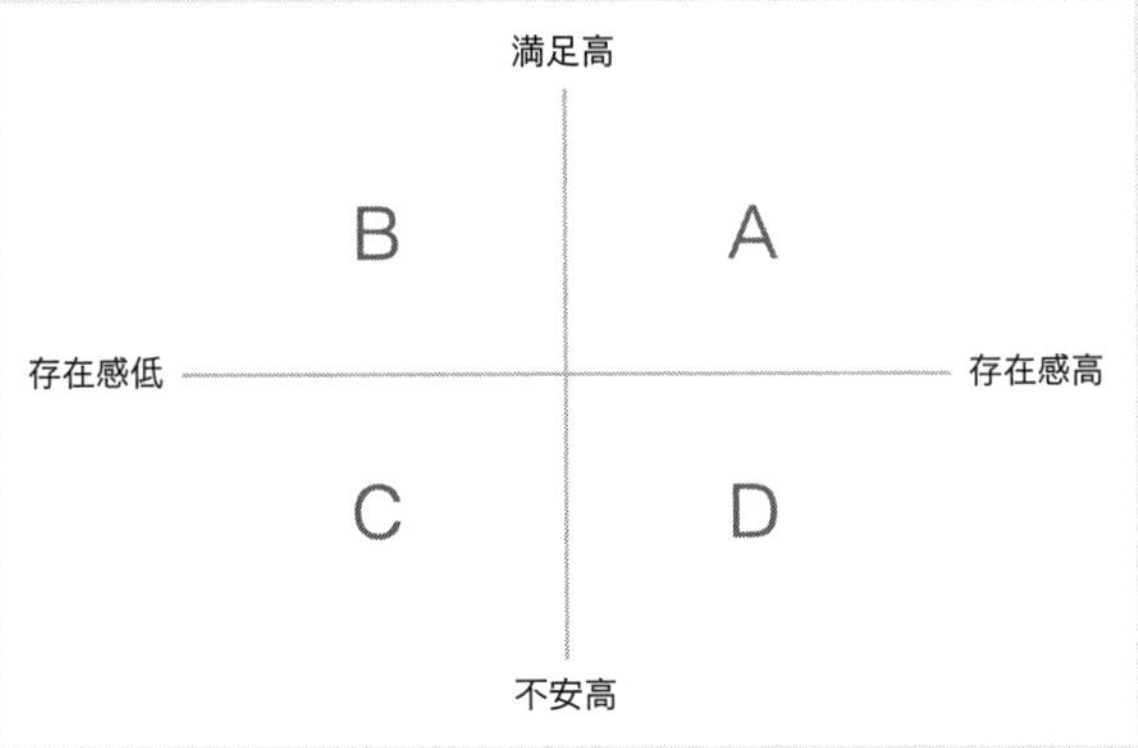

言い方を少し変えると、縦軸がエンパワーメント。横軸をエンゲージメントとすることもできます。もちろんエンゲージメントは、仲間との関係だけではないのですが、便宜上そのようにして考えてみましょう。

上ゾーンのAB、下ゾーンのCD、右ゾーンのAD、左ゾーンのBCに分けて考えてみます。下ゾーンの人たちは、認められていないうえに、なんらかの被害妄想に陥っている可能性もあります。下ゾーンの中のCは、早晩辞めていく人たちですし、退職予備軍の人たちです。では、Dにいる人たちも同じく、パフォーマンスが発揮されていない不安群ですが、個々の人は辞めないで留まるケースが多いです。

「会社が大きくて安泰」「給料が高いので他よりよい」といったぶら下がり従業員なので、この人たちのパフォーマンスをいかにして上げさせるかは、幹部従業員の課題にすべきですが、あまりいじりすぎると辞めてしまう可能性もあります。

いろんなたとえで、2：6：2という言い方をしますが、Aに近いDの人はこの6に当たる人が多い可能性があります。

次に、上ゾーンの人たちですが、社内でも成果を上げている目立つ存在ですが、彼らには二つのタイプがあります。

一つは、隙あらば辞めてやろうというタイプで、「もう十分に技術は習得した」「成果も十分に上げた」などと、基本自分本位で考えている人が多く、間違えてこのような人を管理職にすると、辞める時に顧客や従業員の引き抜きなどの問題を起こすこともあります。

最も優秀な、Aの人を育てなければなりませんが、人材開発部門の人は、Bの人を右にもっていく努力より、Dの人を上にもっていく施策をするほうがよいと思います。

また、Bの人は仲間や組織に興味がないので、いずれ辞める前提で配置を考えます。

意味のない「組織診断」をやめる

人材開発部門の人に「経営陣と同じ権限を与えてください」と先に書きました。なぜなら、人材開発部門の人の仕事は、問題を発見して治療方法を考えることです。医者と同じなのです。「どこが悪い」「このまま放っておくとこの従業員は辞める」「この部署は、上司と部下がうまくいってない」などを、的確に見抜けるエンゲージメントサーベイやオンボーディングサーベイを行わなくてはなりません。

他の企業と比べて、自分の会社のほうがポイントが上にある、とか下にあるといっても何も解決しません。また、個人の特定できないサーベイをとっても、問題の解決にはなり得ません。

328ページのAの図は、ぶら下がり従業員の多い会社で、大手企業や古いタイプの会社に多いです。ここにいれば安心、潰れることはなく、パフォーマンスを発揮しなくても給与や昇進に対して影響がありません。

Bの図は、理想の満足型組織です。

Cの図は荒れ始め型組織です。

一番の問題は、上司や幹部が左下にいて右上に部下や新しい従業員がいる時です。上司と経営陣は向き合い、ミッション、ビジョン、バリューのすり合わせを行います。

こういった組織診断を取るのに、誰が下にいるのか、部門ごとや営業所ごとにもサーベイをとる必要があります。

図表5-9　組織の3タイプ

A ぶら下がり従業員タイプが多い

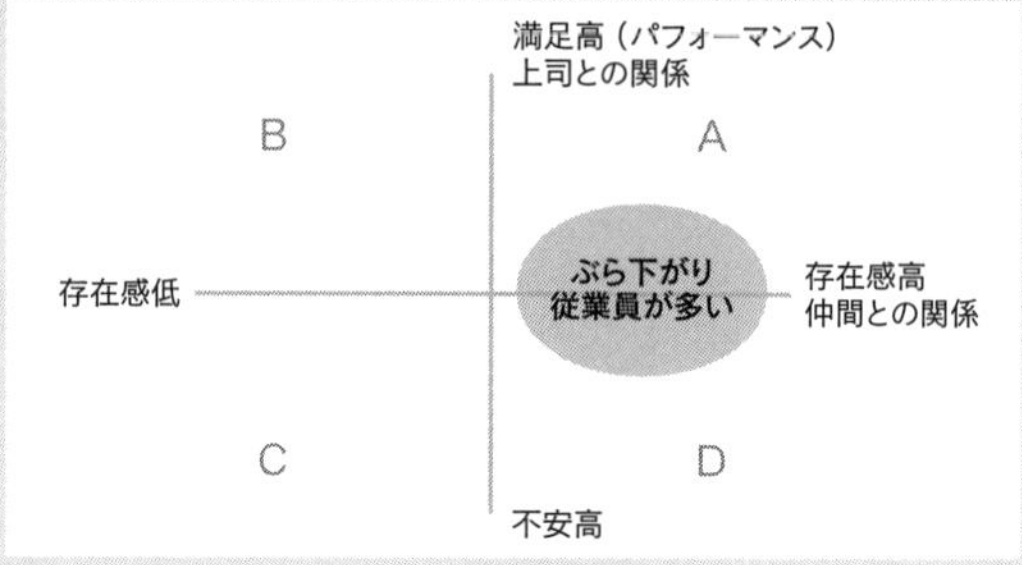

B 満足型の理想の組織

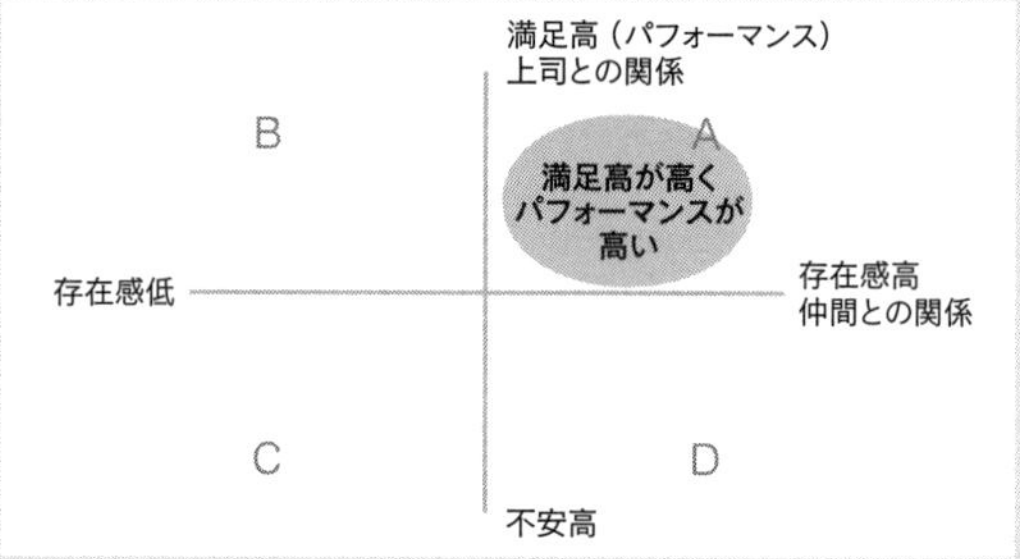

C 荒れ始め型組織

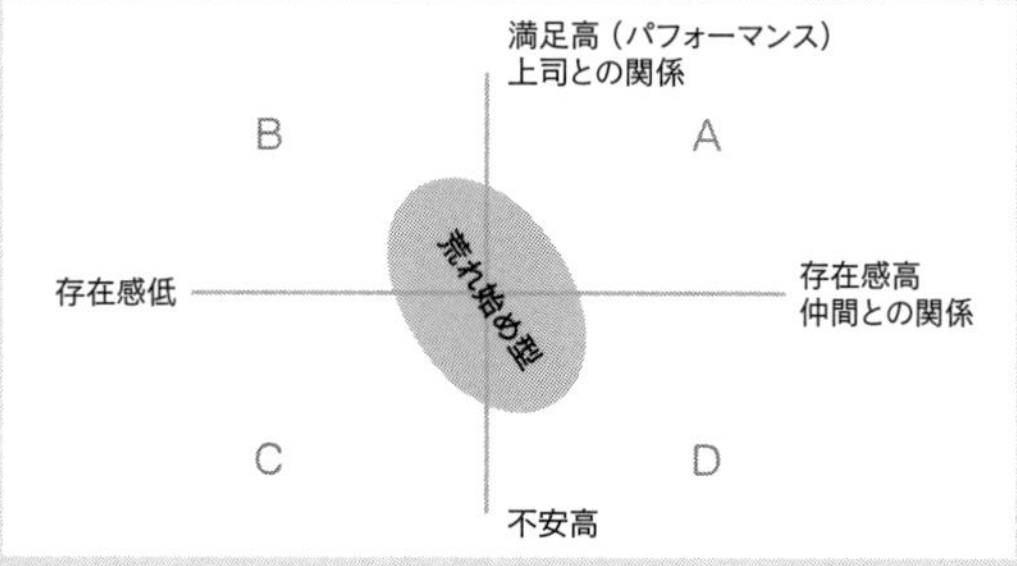

「MotifyHR」の標準サーベイ結果

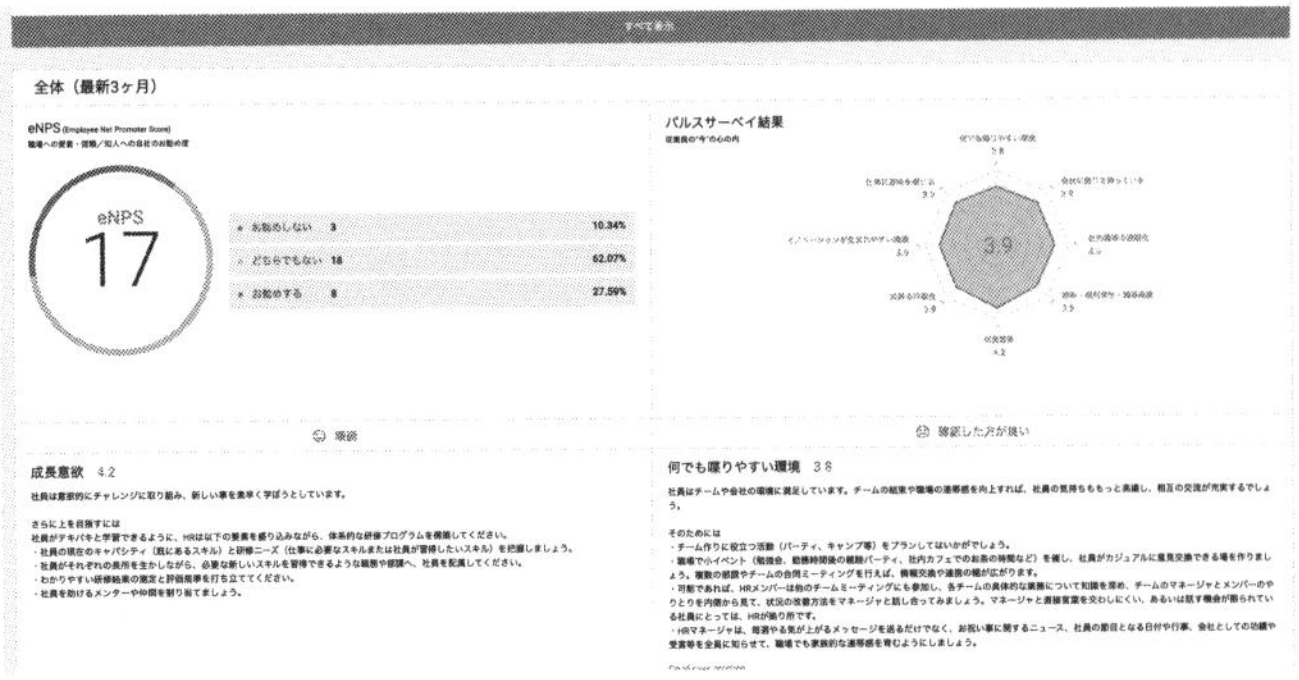

上の図は、今現在の「MotifyHR」の標準サーベイ結果です。が、各人事部門でより解決しやすいように、三軸に変更しています。また、この中にあった「給与・報酬」はお客さまの要望により削除しました。ただ、この手のサーベイは会社によって自由に作られるように設計されています。

「MotifyHR」の新しい理論の三軸

この三軸をもっと、深掘りして三軸を加えたのが、「MotifyHR」の理論です。

図表5-10　「MotifyHR」の新三軸

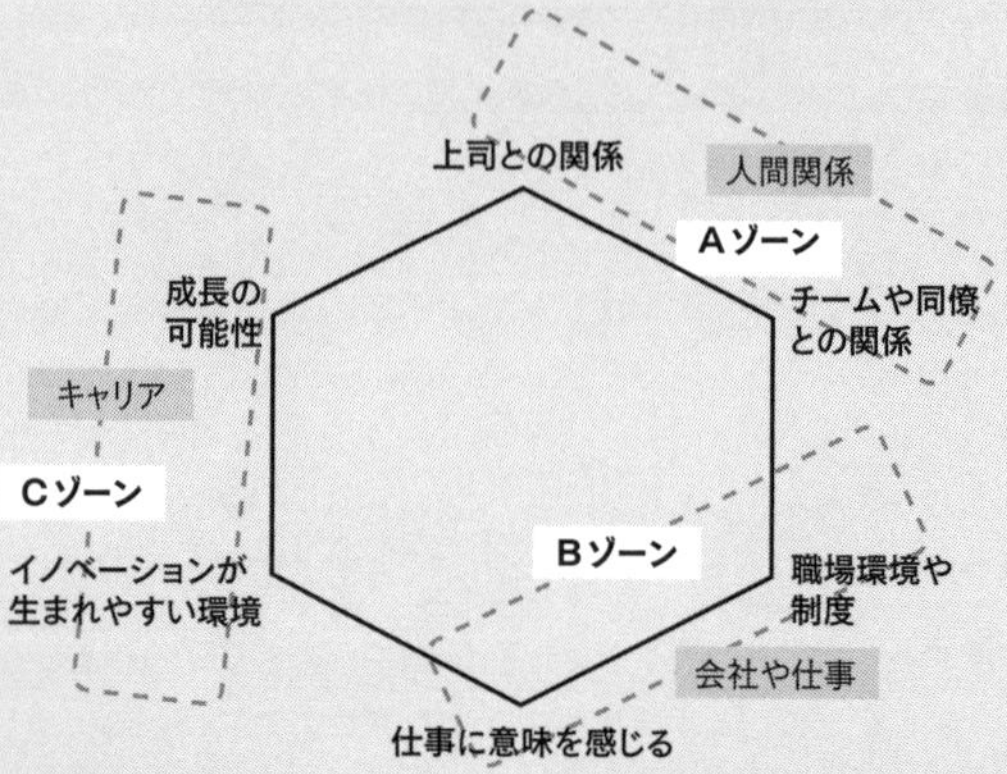

Aゾーンの質問例

人間関係を重視し、上司との関係やチームの仲間との関係にフォーカスしたサーベイを実施する。

「あなたの上司は、あなたに対して1人の人間として尊敬と尊厳を持って接してくれる」
「私の上司は、失敗や不都合な報告もしっかりと受け止めてくれます」
「あなたの上司は、あなたに何を期待しているかしっかり伝えてくれる」

Bゾーンの質問例

ここでは会社の職場環境や仕事そのもの、会社の考え方、ビジョンやミッションについてもサーベイを実施する。

「会社の使命や目的が、自分の仕事は重要だと感じさせてくれる」
「あなたの仕事の成果を上げるためのツールは、十分に備わっている」
「職場で自分の価値観を共有することができます」

Cゾーンの質問例

ここは若い従業員の多い、あるいは採用を増やしている会社では特に重要。

「会社で、自分の思い描くキャリアステップを概ね達成できています」
「この6カ月の間に、私は自分自身の成長を促す学習機会を得ることができました」
「会社は、他社よりも新しいことを取り入れる会社風土であると感じます」

エンゲージメントを高める10のポイント

1
大局的視野で見る
5年、10年のビジョン

2
みんなを巻き込む
自分のことと感じてもらうための情報共有

3
価値観を共有する
企業文化に理解のない人は採用しない

4
リモートワークを推進・許容する
自宅でも仕事ができるようなルールづくり

5
コミュニティー活動を支援する
横のつながり委員会

6
感謝していることを示す
退職者の80パーセントは感謝されたことがないを肝に

7
ワーク・ライフ・インテグレーション
個人と仕事は切り離せない

8
学び続ける環境を作る
古いパソコンを渡したりしない

9
テクノロジーを駆使して、関係性を構築する
上司部下、仲間

10
人材開発部門を作る
オンボーディング、エンゲージメント推進

①大局的視野で見る／5年、10年のビジョン

大局的視野で見るとは、そういう目を養わせるということです。

自分たちのお客さまは誰で、何を提供し、どんな価値を与えるのか、そしてそのことが社会にどんな影響を与えるのか、共通の言葉として全員がしゃべれることが一番で、5年後、10年後のお客さまと自分たちの関係を想像できるとなおいいでしょう。それも昔のように唱和するのでなく、見えるところにわかりやすく貼り出します。

②みんなを巻き込む／自分のことと感じてもらうための情報共有

これから1対1の関係構築をどうやって創り出すか、ということがとても重要です。たとえば、フェイスブック、メッセンジャー、ラインなどは、いつも1対1の関係づくりです。ところが、社内のイントラネットや社内掲示板の多くは、情報の垂れ流しで誰が何を読んだのか、読んだことに対するツィートも、いいねもできないような古いシステムを使っているところがほとんどです。ここを変えないと、情報共有も巻き込むこともできません。

③価値観を共有する／企業文化に理解のない人は採用しない

これは採用の時やオンボーディング時（入社3カ月以内）に徹底して、本人の考えを聞きます。教えるのではなく、いろんな事例に自分だったらどうするのかを、しゃべらせたり書かせたりします。価値観の唱和とかでなく、価値観から生まれる行動をしっかり身につけさせることです。押しつけるのではなく、ある程度彼らの中にあるものの確認です。違和感があれば、辞めていいということを採用の段階で約束しておくべきです。

④リモートワークを推進・許容する／自宅でも仕事ができるようなルールづくり

おそらくこれからの絶対的なキーワードです。リモートワークとテレワークは同義語です。アメリカでは、テレワークよりリモートワークが主に使われており、「リモートワークができます」というキーワードが働く人が企業を選ぶ時のキーになることは間違いありません。ということは、リモートワークに対する制度や補填など整理しておくのがよいでしょう。

⑤コミュニティー活動を支援する／横のつながり委員会

会社におけるコミュニティーとは、部門を超えた活動です。各会社によってさまざまだと思いますが、たとえば、委員会活動などがそうです。「採用委員会」「イベント委員会」「環境整備委員会」「感謝カード委員会」などです。もう一つは、「バスケットクラブ」「卓球クラブ」「ワインを飲む会」など、要するに仕事と直接関係ない活動です。こうしたことが社内ですぐにお互いがわかるようなシステムを導入することが重要です。

⑥感謝していることを示す／退職者の80パーセントは感謝されたことがないことを肝に

こうした委員会を作ることも大切です。「感謝」ポイントをあげるとか、もらって嫌な気持ちを持つ人はいません。要は、会社の中でお互いのつながりを高めるものです。ギブ＆テイクは、常にギブが先です。仲間同士、上司部下、いろんな人に感謝を贈れる仕組みを持つといいと思います。

⑦ワーク・ライフ・インテグレーション／個人と仕事は切り離せない

今は、会社に個人を持ち込んだり、個人に会社を持ち込むような時代です。古い親世代が言います。「会社にプライベートを持ち込むな！」。今は逆です。個人の生活と会社生活はコインの表と裏と同じように、切り離すことはできない関係にあるということを再認識する時です。

⑧学び続ける環境を作る／古いパソコンを渡したりしない

特に、ミレニアル世代は上昇志向の人が多いのが特徴です。したがって、キャリアアップのプランなど、会社でちゃんと用意すべきです。また、学習の機会を用意すると同時に、自宅も会社も同じ環境を作り上げることが肝要です。

⑨テクノロジーを駆使して、関係性を構築する／上司部下、仲間

新しい人材開発テクノロジーを駆使して、定性的情報を定量的にしなければ改善できません。数量で表すことができれば必ず改善できます。

⑩人材開発部門を作る／オンボーディング、エンゲージメント推進

人材教育から、人材開発です。新しい仲間を受け入れ、エンゲージメントを高めることがこの部門の役割になります。

〔著 者〕

広瀬 元義（ひろせ・もとよし）

株式会社アックスコンサルティング代表取締役

1988 年「株式会社アックスコンサルティング」を設立。会計事務所向けコンサルティング、一般企業の経営支援、不動産コンサルティングを中心にさまざまな事業を展開。会計事務所マーケティングの第一人者。米国会計事務所マーケティング協会の正式メンバー。
米国HR TECH事業に詳しく、ブーマーコンサルティングタレントサークル正式メンバー。HR関連のセミナーで多数講演。主な著書に『９割の社長が勘違いしている資金調達の話』『従業員を採用するとき読む本―その採用の仕方ではトラブルになる!!』『ザ・メソッド　あなたの会社をキャッシュリッチに変える８つの秘訣』（あさ出版）、著書は45冊以上、累計発行部数は48万部を超える。

従業員のパフォーマンスを最大限に高める

エンゲージメント カンパニー

2020年7月29日　第1刷発行
2022年7月14日　第5刷発行

著　者――――――― 広瀬元義
発行所――――――― ダイヤモンド社
〒150-8409　東京都渋谷区神宮前6-12-17
https://www.diamond.co.jp/
電話／03-5778-7235（編集）　03-5778-7240（販売）
装丁＆本文デザイン ―― 有限会社北路社
イラスト――――――― mutsumi
編集協力――――――― 古村龍也（Cre-Sea）、石田雅彦
制作進行――――――― ダイヤモンド・グラフィック社
印　刷――――――― 信毎書籍印刷（本文）・加藤文明社（カバー）
製　本――――――― 本間製本
編集担当――――――― 花岡則夫、寺田文一

ISBN 978-4-478-11099-7